"三全育人"理念下高校文化育人体系建设研究

王需 刘巧芝 韩东 著

中国纺织出版社有限公司

内 容 提 要

新时代的不断发展对教育提出了越来越高的要求。探索一种符合时代发展要求和学生成长规律的育人模式，成为当今教育发展的必然之需。本书共分为七章，前两章对"三全育人"和文化育人的内涵、特征、功能以及发展现状和方法进行了详细阐述，方便读者初步了解两者的基础理论知识；之后，以"三全育人"为基本理念，详细地阐述了校园文化、"立德树人"文化、生态文化、人文文化、科技文化及网络文化的内涵与实现路径。本书体系完整，视野开阔，层次清晰，紧抓时代脉搏，客观分析了"三全育人"理念下文化育人的必要性及重要意义，比较全面地阐释了高校文化育人的路径。

图书在版编目（CIP）数据

"三全育人"理念下高校文化育人体系建设研究/王需，刘巧芝，韩东著. --北京：中国纺织出版社有限公司，2024.7. -- ISBN 978-7-5229-2157-0

Ⅰ.G640

中国国家版本馆 CIP 数据核字第 2024NP8531 号

责任编辑：张　宏　责任校对：高　涵　责任印制：储志伟

中国纺织出版社有限公司出版发行

地址：北京市朝阳区百子湾东里 A407 号楼　邮政编码：100124

销售电话：010—67004422　传真：010—87155801

http://www.c-textilep.com

中国纺织出版社天猫旗舰店

官方微博 http://weibo.com/2119887771

河北延风印务有限公司印刷　各地新华书店经销

2024 年 7 月第 1 版第 1 次印刷

开本：787×1092　1/16　印张：8.5

字数：178 千字　定价：98.00 元

凡购本书，如有缺页、倒页、脱页，由本社图书营销中心调换

前　　言

新时代的不断发展对教育提出了越来越高的要求。探索出一种符合时代发展要求和学生成长规律的育人模式，成为当今教育发展的必然之需。"三全育人"模式能够将育人的理念与实际贯穿于管理、教学和服务之中，实现学生成长发展的全过程贯穿。全员育人的良好育人效果，对于满足新时代教育要求具有重要意义。

文化是民族的血脉、人民的精神家园。作为一个国家、一个民族的灵魂，文化也是一所学校的灵魂。文化凝聚着学校的办学理念和教育特色，是学校赖以生存的根基，引领着学校的价值追求和行为导向。加强文化建设，发展有灵魂的教育，是亘古不变的主题。高校肩负着人才培养、科学研究、社会服务、文化传承创新和国际交流合作的重要使命，能否有效传承创新文化，是高校履行职责的应有之义，更是创新思想政治工作的迫切要求。文化育人作为高校思想政治工作质量提升工程"十大育人"体系之一，其本身也是一个庞大复杂的体系。对于高职院校来说，文化育人既要体现高等教育的大学文化育人"共性"，又要彰显职业教育的职业文化育人"个性"。

本书共分为七章，前两章对"三全育人"和文化育人的内涵、特征、功能以及发展现状和方法进行了详细讲述，方便读者初步了解两者的基础理论知识；之后，以"三全育人"为基本理念，详细地阐述了校园文化、"立德树人"文化、生态文化、人文文化、科技文化及网络文化的内涵与实现路径。本书体系完整，视野开阔，层次清晰，紧抓时代脉搏，客观分析了"三全育人"理念下文化育人的必要性及重要意义，比较全面地阐释了高校文化育人的路径。

鉴于时间仓促和水平有限，书中难免存在纰漏和不足，敬请各位读者批评指正，以期本书能够在日后臻于完善。

本书可以作为高等院校教师教学过程中切实贯彻文化育人政策的参考用书。

著者
2024 年 1 月

目 录

第一章 "三全育人"的内涵及理论基础 ········· 1
    第一节 "三全育人"的内涵及特征 ········· 1
    第二节 "三全育人"的时代价值 ········· 10
    第三节 "三全育人"的现状 ········· 16
    第四节 "三全育人"的理论基础 ········· 23
    第五节 国外高校育人经验借鉴 ········· 28

第二章 文化育人的理论基础 ········· 37
    第一节 文化育人的内涵 ········· 37
    第二节 文化育人的背景及研究现状 ········· 39
    第三节 文化育人模式的构建 ········· 40
    第四节 文化育人功能与成效 ········· 42
    第五节 高校文化育人的基本方法与体系 ········· 44

第三章 "三全育人"理念下校园文化建设的特性与体系构建 ········· 53
    第一节 校园文化的内涵与育人功能 ········· 53
    第二节 高职院校校园文化建设的特性 ········· 62
    第三节 高职院校特色校园文化建设的体系构建 ········· 64
    第四节 高校校园文化育人的实施路径 ········· 66
    第五节 新时代高校校园文化育人的长效机制 ········· 72

第四章 "三全育人"理念下"立德树人"文化的实现 ········· 77
    第一节 "立德树人"的本质内涵 ········· 77
    第二节 "立德树人"理念的提出 ········· 82
    第三节 "立德树人"与文化育人的关系 ········· 84
    第四节 以文化育人实现"立德树人"目标的路径探索 ········· 88

第五章 "三全育人"理念下生态文化建设与文化育人的实现 ········· 93
    第一节 高职院校生态文化建设与文化育人的关系 ········· 93
    第二节 高职院校生态文化建设在文化育人中的功能 ········· 95

第三节　高职院校生态文化建设对文化育人的影响及优势 …………… 96

第六章　高校人文文化与科技文化育人的实现 ………………………… 99
　　第一节　高等院校人文文化育人的实现 ………………………………… 99
　　第二节　高等院校科技文化育人的实现 ………………………………… 102

第七章　"三全育人"理念下网络文化育人的实现 …………………… 113
　　第一节　网络文化的内涵解析 …………………………………………… 113
　　第二节　网络育人运行机制的构建 ……………………………………… 121
　　第三节　网络育人平台的搭建 …………………………………………… 123

参考文献 ……………………………………………………………………… 129

第一章 "三全育人"的内涵及理论基础

第一节 "三全育人"的内涵及特征

一、"三全育人"的内涵

"三全育人"理念有着丰富的内涵，追溯它的提出、演变过程，可以发现其内涵是随着时代的发展而不断更新和丰富起来的。

(一)"三全育人"的概念

"三全育人"既是一种教育理念，也是一个全面的、系统的育人指导思想和原则。由于"三全育人"理念多以口号的形式见诸于各类文章中，因而学者们对于"三全育人"的理念并无统一、一致的界定，偶尔触及的也只是从某一个角度对其进行阐释。基于此，本书在总结学者们关于"三全育人"概念的基础上，尝试对其进行界定。

本书认为，"三全育人"应从广义和狭义两方面去理解，从广义上而言，"三全育人"是一种教育理念，并非仅仅局限于德育这个范畴，不能将它简单地等同于德育的指导思想。之所以常把它和德育联系起来，那是因为它的内容非常贴切德育的要求，应用于德育实践更能取得成效。

从狭义上而言，"三全育人"主要是一种德育理念，它强调在德育这个体系内，从"全员""全程""全方位"三个方面来调动德育各方面的力量，齐抓共管，共同协作，构筑一个德育立体结构，形成一股强大的德育合力，发挥德育实效性。具体包括以下三个方面：

1. "全员育人"

"全员育人"即人人育人，主要从育人主体角度出发，强调每个人都要有育人意识，树立起育人责任感，不仅在自己的本职工作上发挥育人的职能，并且需要相互配合、交叉合作，形成一股强大的育人合力，构成完整、全面、和谐的大学生思想政治教育工作体系和格局。这里的"人人"主要指高校里的全体教职员工。

2."全程育人"

"全程育人"主要从时间角度出发，强调育人要贯穿大学生学习和成长的全过程，要认真研究大学生从高校入学到高校毕业的每个阶段的特点及其身心发展规律，以及大学生每个阶段所面临的实际问题，有针对性地规划从低年级到高年级不同阶段思想政治教育的工作重点和方法，促进大学生思想政治教育的发展。

3."全方位育人"

"全方位育人"主要从空间角度出发，强调育人要体现在促进大学生全面发展的各个方面和环节，育人工作者要根据大学生的学习和生活情况，将显性德育与隐性德育相结合，通过有形或者无形的手段把思想政治教育渗入他们学习和生活的各个环节，渗透教学、管理和服务的各个方面，使大学生形成良好的思想品质和人格修养，从而促进大学生的全面发展。

(二)"三全育人"的要素组成

1. 人员要素——全员育人

全员育人指从人员开始进行整合，全体教育工作者都应自发自觉地承担起育人责任，发动全部育人力量，包括学生自己也应参与到育人工作中来。传统的育人理念认为专业任课教师就应该传授知识、教书育人，相应德育工作和思想政治教育工作则仅仅是班主任、辅导员和思政课教师的责任所在。全员育人使育人主体扩大到高校里的全体领导干部、教师和职工团队，从注重传授专业知识延伸到重视学生人格的正确形成和良好的思想道德品质的培养，是对育人主体的突破创新。

全员育人要求高校中所有教师和工作人员、家长、社会等多个方面的力量共同参与，产生上下联动的效应，体现学生与教职工之间的良性互动，形成人人参与的、与外界产生联系的开放式育人格局。在学生日常的学习和生活中，完成全员育人的目标离不开管理育人和服务育人的方法，管理服务人员对学生表现出的关心、爱护和尊重，能够起到感化教育的作用，使学生在校期间的学习、生活需要更容易被满足，精神文明建设的地位也更加突出，为"三全育人"总体规划的施行奠定良好的基础。

2. 时间要素——全过程育人

联合国教科文组织在《学会生存：教育世界的今天和明天》中就提出了发展终身教育的思想，这是教育史上一个具有历史意义的里程碑。同样，育人并不是一蹴而就，而是一场需要各方面协调参与的"持久战"，需要漫长久远的时间才能看到成效，必须贯穿学生从课上到课下、从入学到毕业的全过程，否则就只是提出了一个形式、一个口号，无法达到真正的育人目的。"三全育人"中的全过程育人体现了育人工作的长期性特点，补充了育人工作的留白期，提高育人效率。

作为"三全育人"的组成部分，全过程育人主要是从时间的维度上进行育人，它以大学生成长发展的过程为主线，即从入学开始直到毕业离开学校为止，全程都要对大学生进行思想政治教育。这是对以往育人模式中的时间要素进行了延展，蕴含着"三全育人"的长效性内涵。全过程育人还提倡根据处于不同身心发展水平、发展阶段的学生进行有针对性的教育活动，调整相应的教育内容和教育方法，体现了"三全育人"的连续性。

3. 空间要素——全方位育人

全方位育人指从不同的角度和维度出发，运用多样化的手段和方法，覆盖育人工作的多个方面，在帮助学生学习掌握专业知识技能的同时，锻炼适应社会的才智，塑造新时期要求学生具备社会主义核心价值观的立德树人的教育目标，全方位、多角度、宽领域提高大学生的综合素质。全方位育人强调的是将教育教学、管理服务、实习实践、思想文化、网络资源等多方面育人因素集合于一个广阔的育人空间，一切能对受教育者的优秀道德品质养成产生影响的直接要素或间接要素都含于其中。

高校的物质环境和精神文明会对受教育者产生双重的育人作用，包括校内基础设施、生活学习场所、治学理念制度、科研学术风气、社团文化活动等，都会内化为育人的方法和途径，深深根植于全体师生的行为表现中，这种物质文化和精神文化的双重影响是让育人有成效的重要因素。

4. "三全育人"之间的关系

"三全育人"是一个各要素之间相辅相成、缺一不可的有机整体，全员、全过程和全方位是这个体系的三根支柱，三者之间既有联系又各有侧重。

首先，全员育人、全方位育人和全过程育人之间有着内在联系，假设把"三全"放到一个立体坐标图中来看，全员育人就是它的立坐标，代表育人主体的多样性特点；全过程育人则是其纵轴坐标，代表着育人时间的范围；全方位育人则是这个立体中的横向坐标，代表着育人的空间范围。"三全育人"中的各个要素之间虽存在差异，但本质都是为了立德树人这个目标服务，它们相互补充、互相吸收，扩展成一个宏观立体的系统，任何一个要素的缺失都会造成"三全育人"难以支撑。

其次，从相互区别的角度来看，"三全育人"的各个要素又有不同的侧重点。全员育人是从育人主体的角度出发，对实施育人工作的队伍建设进行规划。育人队伍的力量是否强大直接决定了育人成果的好坏，如果没有优秀的育人队伍发挥核心作用，就算再宏伟的育人目标也难以实现，再科学的育人规划也是海市蜃楼。

全过程育人则集中于育人的时间。

首先，思想政治教育工作绝对不是一蹴而就的，而是一朝一夕贯穿于学生的学习和生活中，是长久的教育过程中慢慢积累起来的，因此在教育教学的全程中都不能有丝毫的松懈。

其次，育人是一项长期的系统工程，要关注处于不同阶段的学生身心发展的特点和规律，从入学教育到毕业，不同时期所呈现出的思考方式和关注点都存在差异，因此要根据这些差异设计课堂教学和思想指导的内容。全方位育人的重点落在了育人空间和范围上，力求培养德、智、体、美、劳全面发展的大学生，育人不仅仅是完成教授学生专业知识和培养优秀品质的传统育人目标，更要注重学生独立人格和兴趣爱好的培养，突破传统育人方式的狭隘性，将学生放在首要位置。

育人主体究竟要从哪些领域和范围详细地开展育人工作、如何使用相应的育人程序和方法等问题，都是全方位育人所要回答的。这既是当代素质教育所呼唤的目标和要求，又是"以人为本"在教育工作中的着实体现，真正地让学生享受到自由发挥的空间，从而最大限度地挖掘自己的潜能，成为一个既拥有专业技能又富有高尚道德品质的人。

（三）"三全育人"模式的基本理念

我们了解了"三全育人"德育模式的基本含义，有必要进一步探究其基本理念，以全面、完整地理解"三全育人"德育模式的丰富内涵。

1. 以"育人"为核心，重在整合

人是教育的出发点，也是教育的归宿。因而"育人"在德育体系中应当处于中心位置。"三全育人"德育模式的三要素围绕"育人"这个核心点相互联系、相互依存，从而构成一个有机、有序、和谐、完整的整体。育人既是"三全育人"德育模式的出发点，也是它的归宿，占据德育系统的核心位置处于提纲挈领的地位。其三个构成要素都是以育人为中心，为实现育人的目标而服务。它们的最终目的是最大限度地挖掘潜在的或者现实的德育资源，并将其整合起来，形成合力，以便更好地实现育人目标。

如果没有育人这个核心点，那么"三全育人"模式也就成了一盘散沙，没有方向和目标，也没有任何构建的价值和存在的意义。育人的成败，实际上是对"三全育人"德育模式构建成败与否的检验。"育人"对于"三全育人"模式的重要性，无异于经济建设对于社会主义现代化建设的意义。总之，育人是"三全育人"德育模式的重心和归宿。以育人为核心，实质上也是以人为本理念的体现。

2. 全员调动，齐抓共管，形成教育合力

当今教育舞台上，多种多样的德育模式不断演变，说明我国德育研究正在绽放其蓬勃旺盛的生命力，推动了我国德育事业不断向前发展。但是，我国德育实效性不足的问题仍然存在。德育实效性不足是由多方面的、复杂的综合因素所致，但是德育合力的缺乏是最主要的因素。"三全育人"德育模式提出全员育人，通过调动所有人员参与德育工作，形成以党委为统一领导，各部门齐抓共管的新时期思想政治工作格局，形成强大教育合力，这是以往其他模式所缺乏的，是"三全育人"德育模式最大的特色和闪光点。

过去人们一直存在一个观念误区，认为德育仅仅是思想政治教育教师的职责，其他任课教师只需要完成自己的教学任务。而思想政治教育教师在进行德育工作中，也往往采取传统的灌输方式，使得学生被动接受教师所传授的规范和准则，甚至产生抵触、逆反情绪，大大降低了德育工作的成效。

当今交通运输、信息通信尤其互联网的高度发展，为促进经济、科技、文化、教育等方面在全球范围日益频繁的交流提供了便利。信息交流日益便捷，使得人们仿佛生活在跨越国界的地球村落里，获取信息的便捷消除了人们交流的障碍，但各种思潮和文化的碰撞也更加猛烈。对新事物敏感的大学生极易受到海量未过滤信息的影响，因而仅靠思想政治教育教师单方面的思想教育是不足以应付的，必须将全部人员调动起来，才能全面地了解到学生的思想特点，及时解决其出现的问题。全员调动，一方面能激发教育者进行德育工作的积极性，另一方面能通过不同部门及德育工作者之间的分工合作，向着共同的德育目标迈进，无形中凝聚成强大的德育合力，从而增强德育的实效性。

3. 全程跟进，上下联动，抓好大学生教育的关键点

德育是塑造人灵魂的伟大工程，而由于人的思想观念具有易变性、不稳定性、隐蔽性等特点，以及受教育者原有的价值观念、环境对受教育者的影响等多种因素，使得教育者对受教育者所传授的价值观念、道德准则等内化为受教育者自己的价值准则需要一个过程，不是短时间内就能完成的。德育的最终目的是使受教育者将内化的价值规范外化成行为，并形成良好的行为习惯，进而形成稳定的品质。

"三全育人"德育模式通过全程育人这一构成要素，鲜明地突出了育人的全程性，通过全程跟进，抓住大学生习惯的关键点进行针对性的教育，既保证了育人时间，又突出了重点，有的放矢，从而更好地帮助学生顺利度过成长过程中的转折点，如入学适应期、离校就业期等，大学生在这些转折时期很迷茫、焦虑，如果不能及时进行教育引导，部分学生容易迷失方向、荒废学业，有些学生甚至因负有严重的心理负担而产生心理疾病。而及时抓好关键点进行教育，能够帮助其解决思想包袱，如迷茫、焦虑等，使学生轻轻松松地学习，享受到学习的乐趣，促使学生身心健康发展。

4. 全方位展开，全面配合，促进大学生全面发展

确立好育人主体，德育工作才算做好第一步。育人主体如何开展德育工作，关系着德育目标的实现。人是德育的中心，德育的最终目标是为了促进人的健康、自由、全面发展。因此德育工作的开展应围绕人的全面发展而展开。素质教育是教育者以培养、完善、提高人的全面素质为目的，有计划、系统地将社会的要求转化为受教育者内在需要、促使其身心发展的教育活动。实现人的全面发展也是素质教育的题中之意。新时期德育模式的构建不能忽视时代和社会发展的要求，素质教育是我国教育史上一次划时代的改革，德育所培养的人才应与素质教育的要求相契合。

"三全育人"德育模式以人的发展为中心，以实现人的全面发展为目标，通过调动全部人员参与德育工作，运用多种手段和途径，从多种德育渠道着手，全方位地开展德育工作，从而促进大学生的身心健康发展，提高大学生的思想道德素质、科学文化素质、专业素质等，使大学生的知识和能力都得到增长，又能发展自己的个性，从而促进大学生全面、健康地发展。

(四)"三全育人"的提出过程

"三全育人"理念不是自古以来就存在的传统思想，也不是从国外吸收借鉴的思想，

而是我国政治、经济及教育发展到一定阶段而产生的与我国国情相适应特有的教育理念。因此，我们追溯"三全育人"的历史发展轨迹，不能忽视我国政治经济及教育文化大背景。基于对"三全育人"相关论文及著作的搜索，本书在学者们研究的基础上，对其进行总结，并以时间为线索，将"三全育人"理念的演变过程划分为五个历史时期。

1. 初步萌芽期（1949—1966年）——"三全育人"的提出

通过考察，可以发现，"三全育人"这个理念在中华人民共和国成立初期就有了初步萌芽。教书育人古已有之。韩愈曾说："师者，所以传道授业解惑也。"韩愈这里强调了教师的工作职责，即传授知识和本领、解答疑惑。我国从办学伊始就秉承了教书育人的优良传统，并且根据新的历史条件赋予了它新的内涵。

中华人民共和国成立初期，百废待兴，新中国的建设对人才的需求非常迫切，国家意识到教育的重要性和迫切性，对旧的教育制度进行了改革，确立中华人民共和国初期"民族的、科学的、大众的文化教育方针"。

1950年8月2日至11日，中国教育工会第一次全国代表大会在北京召开，在大会代表的倡议下，提出了"教书育人、管理育人、服务育人"的口号。口号的提出，是对教育改革的一次历史性超越，也是对教育模式探索的一种新的尝试。它比"教书育人"理念所包含的内容更丰富，也更全面。中华人民共和国成立初期正是以这种教育口号为导向，培养了一大批参与国家建设的栋梁之材。

2. 曲折停滞期（1967—1977年）

这一时期我国的教育事业陷入动荡和混乱之中，教育事业基本处于停滞状态。

3. 复苏中探索期（1978—1998年）

党的十一届三中全会之后，国家进行拨乱反正，正本清源，重新确立了实事求是的思想路线，教育界又重新提出和恢复了之前的教育原则和理念，如教书育人等。到了20世纪80年代中后期，教育战线又逐步形成了"教书育人、管理育人、服务育人"的共识。随着国家工作重心转移到经济建设上来，教育也转移到国家的工作重心上来，中央强调要培养有理想、有道德、有文化、有纪律的社会主义"四有新人"。一定程度上"四有新人"和"三个面向"为我国的教育事业确立了目标。

党的十四大确定我国经济体制改革的目标是建立社会主义市场经济体制，随着经济体制、政治体制和科技体制改革的深化，必须建立起与经济体制、政治体制和科技体制相适应的新的教育体制，只有这样才能适应经济和社会发展的要求。

1996年10月，党的十四届六中全会后，中国教育工会为了深化"三全育人"活动，大力推进教师队伍建设和精神文明建设，中国教育工会四届七次常委会决定，在全国开展以加强师德建设为中心的"树师表形象，创文明校风，为实现跨世纪宏伟目标做贡献"的活动，使得"三全育人"活动向新的深度和广度发展。1998年评出了全国十大"师德标兵"，为教育战线精神文明建设起到良好的推动作用。

4. 蓬勃发展期（1999—2003年）

1999年，中共中央国务院颁布了《关于深化教育改革，全面推进素质教育的决定》，这是从社会主义现代化建设全局和战略的高度，对我国面向新世纪的教育改革和发展作出的重要部署。中共中央提出要以培养学生的创新精神和实践能力为重点，努力造就"有理想、有道德、有文化、也有纪律"的德育、智育、体育、美育等全面发展的社会主义事业建设者和接班人。这个决定可以说是我国教育发展史上一个划时代的里程碑。

它不仅对我国的教育目标提出了新的方向，即从应试教育转向素质教育，同时对我国的教育模式提出了新的要求。在这一决定的指引下，学者们对以往"三全育人"概念的不足进行总结，同时对"三全育人"的概念进行了新的补充与阐释。如有提出"要更新旧的教育观念，改革对教书的理解"，教书不仅指传授学生书本知识，还应培养学生的创新精神和实践能力，同时"素质教育还应加强师德教育，提高教师的能力和水平是'三全育人'工作新的工作内容。"

此时已有学者很具体地提出了"三全育人"的实施途径，如"建立全员育人的网络系统，建立执行的机制和制度，实施两课，发挥党团支部和两校一会的作用，开展社会实践活动，做好新生入学、毕业以及主干阶段的思政工作等"。

5. 成熟完善期（2004年至今）

此阶段"三全育人"模式构建实施的途径和方式更全面，并根据新的形势提出了新的举措，同时研究的范围也更广泛。2004年8月26日，《中共中央国务院关于进一步加强和改进大学生思想政治教育的意见》颁布，文件提出了进一步加强和改进大学生思想政治教育的指导思想、基本原则、主要任务和有效途径，提出了一系列新思想、新思路、新举措。如"坚持与育人相结合""坚持教育与管理相结合""坚持教育与自我教育相结合"等基本原则，通过"服务育人、管理育人""主动占领网络思想政治教育新阵地"等促进大学生全面发展。

中发〔2004〕16号文件是我国在新时期以党中央国务院的名义下发加强和改进大学生思想政治教育的文件，标志着党和政府在新的历史条件下深化了对大学生思想政治教育的重要性及科学性的认识，同时在16号文件的指引下，学者们又掀起了"三全育人"的研究热潮。

2005年1月17日，全国加强和改进大学生思想政治教育工作会议明确指出"加强和改进大学生思想政治教育是一项涉及方方面面的系统工程""各高校要努力形成党委统一领导，党政群团齐抓共管，全体教职员工全员育人、全方位育人、全过程育人的工作机制"。这是党中央第一次在会议上明确提出"三全育人"的口号，尽管这种理念早就达成了共识。

党的十九大以来，聚焦实现全员、全过程、全方位育人，教育部启动"三全育人"综合改革试点，指导建设32家省级高校网络思想政治教育中心，培育建设20个思想政治工作创新发展中心、40个思想政治工作队伍培训研修中心，大力推动理论创新和实践探索。

2020年9月，教育部等九部门发布了《关于印发〈职业教育提质培优行动计划（2020—2023年）〉的通知》（教职成〔2020〕7号），提出构建职业教育"三全育人"新格局，到2023年，培育200所左右"三全育人"典型学校，培育遴选100个左右名班主任工作室，遴选100个左右德育特色案例。

二、"三全育人"的特征

（一）"三全育人"的重要特征

1. 系统性

"三全育人"在作用形态上具有系统性的特点。"三全育人"中的所有因素都是为了育人这一目的而存在，这之内的一切因素相互融合产生整体大于局部的作用，集中于"三全育人"的理论、机制建设中，根据立德树人的现实需求形成具有独特内涵的体系。"三全育人"中的任何因素都不是孤立存在的，各因素之间既有联系，又有不同的重点，全员育人的重点在于育人主体因素的全员参与，全方位育人的重点在于空间因素的全覆盖，全过程育人的重点在于时间因素的全贯通。其内部实现机制所进行的活动也不仅是单独某一方面的活动，而是这个体系中各环节齐头并进的系统性活动。在"三全育人"的系统性建设中，根据各因素之间的差异性，取长补短、内外兼顾，强调整体育人的作用。

2. 连续性

"三全育人"在时间、空间和内容等方面呈现出连续性的特征。"三全育人"填补了过去学生成长成才过程中教育的许多空白。

首先，"三全育人"试图打造一种课内与课外育人并行的模式，教育者不仅在日常的课堂教学中对学生授予专业知识、进行思想政治教育，同时以个人高尚的道德情操去感染影响学生；课下，教师通过对学生的关心爱护、友好沟通，帮助解决他们在生活上、课业上遇到的困难，所进行的是一种心灵的沟通，也能起到"管思想"的作用，育人过程得到充分延展。

其次，教学理论与教学实践相结合，教育者所讲授的理论知识要与实践教育充分结合，育人不仅在校园内进行，思想政治教育也不局限于课堂形式，还要加强学生实践能力的培养，以理论指导实践，以实践充实理论。最后，统筹多方育人资源，将显性育人手段与隐性育人手段、校园物质环境和精神文明相结合，时刻凸显育人主题。

3. 网络性

"三全育人"在结构上还具有网络性的特点。与强调"三全育人"的系统整体性不同的是，构成"三全育人"的各个因素之间还会呈现出向外辐射的网状特征，有横向也有纵向、有单向也有多向的互动。其中，"三全育人"的各个因素之间虽然是分散分布的状态，但如果任一因素发生了改变，均会引起网络结构的全面波动和变化，产生"牵一发而动全身"的连锁效应。

与此同时，在这个交织错杂的网络中，各个因素之间所展现的网络结构并不是完全一致的，相互之间的作用程度有近有远，所发挥的作用分主次、大小，作用关系还会因为时间、环境等条件产生不同的区别。但不论内部因素如何变化多端，"三全育人"的重点依然要落在学生这个中心上，将思想政治工作贯穿教育教学全过程，最终的育人目标仍旧是为了立德树人。

4. 开放性

任何一个系统都具有开放性的特点，需要与外界持续进行物质、能量和信息的置换，这种不同程度的开放是"三全育人"得以循序发展的基础，才能与系统外的其他环境产生联系和交互，从而产生内因与外因的交换作用。从这个角度看，高校"三全育人"作为思想政治教育系统的重要组成部分，更不应该是与世隔绝的封闭性系统。

一方面，外界环境面临着互联网工具等媒介的普及使用，增加了环境的不确定性。在这种不确定的、开放的环境之中，大学生获得信息的方式更加便捷迅速，这样的过程会对学生产生更有冲击性的、多元化的全方位影响。

另一方面，大学的一个重要职能就是服务社会，所培养出的人才最终都会走向社会并为社会的发展而服务。外部环境处于不断变化中，即将步入社会工作的大学生需要快速进入状态以适应社会环境，因此高校育人工作应当把"三全育人"时刻放置于一个动态的、开放的系统中，这样才能更好地增加育人工作的针对性和效率，所培育出的人才才能更大限度地满足一切社会需求。

(二)"三全育人"模式的特征

"三全育人"模式是一种大德育模式，它动员所有的力量进行育人，应具备以下三个特征。

1. 育人的整体性

育人是一项系统工程，需要各方力量的支持与配合，才能拧成一股绳，形成育人合力。"三全育人"德育模式正是基于大德育观的前提所建立的，它从德育系统整体着眼，将全部人员调动起来参与德育工作。参与德育工作并非放弃自己的本职工作专门进行德育工作，而是在自己原本的职位上，将德育渗透其中，发挥育人的职能，形成教书育人、管理育人、服务育人的德育工作新格局。拓宽德育渠道，将家庭、学校、社会相互联系起来，把各种德育力量整合起来，充分挖掘德育资源。以党委为龙头，上下联动，各部分相互协作，形成一股强大的德育合力。

2. 育人的全面性

人的全面发展不仅是个人的人生追求，也是当今教育目标所达成的共识。素质教育也提出了要根据人的发展和社会发展的实际需要，尊重学生的主体性，必须把德育、智育、体育、美育等有机地统一在教育活动的各个环节中。学校教育不仅要抓好智育，更要重视德育，还要加强体育、美育、劳动技术教育和社会实践，使诸多方面教育相互渗透、协调发展，促进学生的全面发展和健康成长。

"三全育人"德育模式以人的全面发展作为目标,它通过拓宽德育渠道,采取各种途径和手段,采用不同的方法,将显性德育与隐性德育相结合,开展全方位育人,使学生掌握必备的科学文化知识,锻炼适应社会的能力和才干,具备良好的身心素质和道德品格,健康自由地全面发展。

3. 育人的全程性

　　当今随着德育研究的深入,学者们提出了多种德育模式。其他的德育模式有些也涉及了德育要持之以恒的问题,但是"三全育人"却将它明确地作为模式中一个重要的构成要素加以强调。人的思想品德的形成具有长期性和反复性的特点,这就需要德育工作贯穿学生成长的始终。全程育人要求将德育贯穿学生成长的全过程,并且在不同的时期实施不同的教育内容,从而使德育更有针对性,更能取得预期效果。

第二节 "三全育人"的时代价值

　　社会存在决定社会意识,树立"三全育人"德育概念并非凭空产生的,而是基于当今德育实效性不足这个现实背景。理论源于现实,又超越现实。"三全育人"德育模式不仅是新时代党和政府对德育发展的期盼,而且是德育理论自身发展的内在要求。

　　"三全育人"不仅内涵丰富,而且具有理念引领和实践导向的价值作用,"三全育人"工作的展开既是为了更好地实现高校立德树人的根本任务,也是高等教育回归"以人为本""以学生为中心"的现实诉求。

　　党的十八大以来,"三全育人"的改革创新为国家深化教育综合改革和现代化治理开启了转型的新道路,有助于提高人才培养质量。目前,我国的高等教育初步完成了规模的扩张,重心转移到内涵式发展建设上来,让所有高校都能从自己的实际情况出发,深入分析自身的传统、优势与不足。高校必须保持高度的责任感和紧迫感,紧紧围绕立德树人的目标来完善"三全育人",全面提高育人质量。

　　从宏观角度出发,"三全育人"是党和国家在中国特色社会主义发展的新时期为了实现立德树人的育人目标而推行的、推进高校思想政治工作的全局性战略部署。2018年5月,教育部办公厅发布的《关于开展"三全育人"综合改革试点工作的通知》中明确提出,要求全国各地分类开展"三全育人"综合改革试点工作,从宏观、中观、微观各个层面,着力构建一体化育人体系。

　　教育部作出开展"三全育人"综合改革试点的战略规划,深刻揭示了"三全育人"对实现立德树人根本任务的关键作用,紧紧围绕育人这一主题进行设计部署。从中观角度出发,"三全育人"是在高校实行的育人运作机制,关系到高校的教学管理、育人队伍、问责制度、评价机制、激励手段等因素,调动全体教职人员的育人力量,渗透办学治校的方方面面,贯穿于人才培养的开端末尾。

"三全育人"的提出着眼于完善高校现行的育人方针政策、优化高等教育管理服务系统，规定正确的政治方向和价值取向，将"三全育人"贯穿教育教学全过程，构建集课程、科研、实践、文化、网络、心理、管理、服务、资助、组织等领域为一体的新时代"十大育人体系"。从微观角度出发，"三全育人"指引高校进行教育活动的开展，教育者将"三全育人"的理念和模式应用于教学管理的过程，延伸到学生学习和生活的各个方面。教育者必须确保用正确的育人思想、育人方法来指导学生的成长、进行专业技能的传授和思想道德教育。只有"三全育人"的理念深入全体师生的内心，才能保证立德树人的教育理念落到实处。

一、立足于当今德育实效性不足的现实困境

提高德育教育的实效性，不仅是德育实践的要求，也是德育理论发展的需要。随着市场经济的不断发展，以及在我国党和政府对高校德育的不断重视与关怀下，我国高校德育取得了令人瞩目的成绩。进步是对不足不断弥补和完善的结果，因此在看到进步与成绩的同时，也应理性地审视当前高校德育所存在的问题，从而找到相应的对策及解决途径，推动高校德育迈上一个新的台阶。而当前我国高校德育存在一个很突出的问题，即德育实效性不足，主要表现为以下四个方面。

（一）德育工作未受到充分重视，存在形式主义的弊病

我国高校德育工作历来被党和政府重视，德育工作者也致力进行德育理论研究和创新，但是在我国德育工作实际操作过程中，德育工作提出的要求和口号要多于具体落实的措施和办法，一些深层次的思想问题以及亟待解决的现实问题，不是没有落实解决措施，就是无力解决。有些学校只在特殊的日子才会开展一些活动，如在学雷锋的日子去敬老院，或者为了应付评估、检查，会采取一些应付的措施等，一旦评估检查工作结束，一些本该采取的措施、开展的活动又被抛之脑后。

德育工作并未真正从理念上受到重视，许多教师甚至认为德育只是思想政治老师的任务，他们更多关注的是学生的学业成绩，忽视了自己应有的德育责任。还有些学校虽然认识到了德育的重要性，但是在德育工作中未能采取有效的措施或者具体落实的办法，使德育工作未取得较好成效，"口头上重视，现实中忽视"，存在着"假大空""花架子"现象。因此不仅需要重视德育，坚持把德育工作放在首位，而且要采取行之有效的措施，将德育工作落到实处。

（二）德育方法落后，德育手段单一

灌输理论是马克思主义理论很重要的一个部分，是我国高校进行德育工作所采取的主要方法，它在以往的德育中发挥了重要的作用。而随着社会政治、经济、文化的发展，教育水平和受教育者自我意识的不断提高，人们对权威的态度由过去盲目的依赖崇拜或畏惧转向了冷静的观察和思考，甚至反对，对道德问题的解决和调适，更倾向于主体自觉地根据道德法则加以正确的处理。并且，在未来经济、信息和人际交往日益频繁的世界里，日

常生活方式及其道德价值观念正经历着由单一、稳定、封闭的状态转向多变、多样和开放。因而需要外部灌输与自主选择相结合。

当前,我国进入了社会转型的历史时期,市场经济的飞速发展以及经济全球化浪潮席卷而来,我们面临着机遇与挑战。外部环境的急剧变化使得我国德育工作也面临着新的难题与困境。德育的环境、对象和内容发生了深刻的变化,因此也需要更新德育方法,才能有的放矢、与时俱进。

而"传统的教育方法重灌输,轻能力培养,重传递,轻思考,强调德育知识性的传授,忽视了道德选择和能力的培养";重共性,轻个性,缺少层次性和个体性,忽视了每位学生的思想实际问题,灌输方法多采取强制说服的方式,轻启发诱导,因而很难将道德行为规范内化成学生的意识,学生极易产生抵触情绪和逆反心理,很容易成为空洞的说教。因此,唯有更新德育理念,改善德育方法,拓宽德育渠道,才能适应新时代对教育的要求。

(三) 情感教育薄弱,师生关系疏远

德育的立足点与根本目标都是人的发展,以人性关怀为己任,是现代社会对德育的呼唤。思想政治教育的主要目的是将社会要求内化为受教育者的动机和意识,然后再由受教育者将这些意识外化为行为,并产生良好的行为结果。因此,德育的深层本质应当是使受教育者真正从心底产生认同,发于情,出于自愿的行为,而非通过外在的强制与约束所产生的被动的服从行为。

随着现代性的消解和对"知性德育"的反思和批判,高校德育正处在社会转型的时期,应重视高校德育情感性教育缺失的问题,更新教育理念,关注大学生在道德生活中的情感体验及品格发展。只有情感才能使道德教育真正成为一种抵达心灵、发育精神的教育,道德情感在个体道德的大厦中,直接参与道德认识、行为、品质、评价、信念的活动,它本身就是个体道德的存在方式,是全部道德现实化的根本环节。

尽管在教育学和心理学理论上,人们一直强调道德教育既要晓之以理,又要动之以情,但是在现实的教育实践中,人们往往弱化了情感的功能。一些教师不懂得、不善于也不屑于实践情感教育,其结果是,现行的道德教育带有明显的唯理性倾向,重理性知识传授,轻感性体验内化;重外在理智控制,轻内在情绪调节。

与此同时,受传统教师中心论的影响,教师高高在上,学生以教师为中心,学生对教师的感情多是敬畏,受时空等各种因素的影响,师生间交流与沟通的机会很少,师生间关系比较疏远。新时期的德育工作必须深化以人为本的理念,以育人为核心,重视心灵、情感交流对人格的培育。

(四) 对于互联网给学校德育带来的冲击,德育工作尚无有效的应对措施

大学生对新生事物极其敏感,其世界观、人生观、价值观尚未真正定型,极易受外界思想文化的影响。互联网是一把双刃剑,它具有开放性、信息量大、虚拟性等特点,一方面开阔了大学生的眼界,丰富了其知识文化,另一方面也给他们提供了逃避现实的港湾,

对其价值观、人生观也不可避免地产生冲击，甚至扭曲。

一些大学生过分依赖网络、上网成瘾、依赖网络的线上交往，在现实生活中却走向自闭；网络恶俗文化、色情、暴力等，对大学生的冲击使德育工作者鞭长莫及、束手无策。另外，西方国家的某些网站传播诋毁和丑化我国社会主义的内容，宣扬西方的"三权分立"，传播拜金主义、享乐主义、个人主义等资产阶级思想，对大学生的意识形态进行渗透，腐蚀学生的心灵，对我国主流价值观构成冲击和威胁。因此新时期的德育工作要重视网络德育建设，注重各种德育资源的开发与利用，增强德育的实效性。

"三全育人"德育模式强调以育人为核心，调动一切人员的积极性，发挥各种教育因素的作用，拓宽一切渠道，增强德育合力。它的提出是立足于当前德育实效性不足这个现实基础，因此应用"三全育人"德育模式，能够使德育工作与时俱进，增强德育的实效性。

二、满足了党和政府对高校德育提出的新要求

我国党和政府历来十分重视大学生思想政治教育，十分关心大学生的健康成长。因为大学生是一个特殊的群体，是中国社会主义现代化建设的接班人和主力军，事关国家和民族的未来。加强和改进大学生思想政治教育，是推动党和国家事业不断发展的必然要求；是提高党的执政能力，巩固党的执政基础的重要保证。当今全球化浪潮不仅影响全世界各个国家和民族的发展过程，还直接冲击着每一个人，各种思想文化的激荡必然会影响每个人的生活方式和价值取向。

随着我国市场经济的深入改革，在加快我国经济飞速发展的同时，唤醒了人们的个人意识，引起利益群体的多元化，人们思想活动的独立性、选择性、多变性和差异性明显增强。科学技术的迅猛发展，尤其网络的普及，引发了一系列的问题，网络德育显得尤为重要。

党中央深入分析国内外形势，从中华民族的整体利益出发，召开了全国加强和改进大学生思想政治工作会议，颁布了《中共中央国务院关于进一步加强和改进大学生思想政治教育的意见》，根据新的历史时期、新的任务和要求，从九个方面对大学生思想政治教育提出了一系列指导性的意见和要求，明确了新的历史时期大学生思想政治教育的方向。

（一）加强大学生思想政治教育工作队伍建设

做好大学生思想政治教育工作，必须建立一支高水平的队伍，才能使大学生思想政治教育有一个坚强的组织保证。大学生思想政治工作队伍主体是学校党政干部、共青团干部、思想政治理论课和哲学社会科学课教师、辅导员和班主任。应加强对他们的选拔、培养和管理。同时，广大教职员工都负有对大学生思想政治教育的重要责任。形成教书育人、管理育人、服务育人的良好氛围和工作格局。

（二）加强和改进大学生思想政治教育的指导思想和基本原则

以科学发展观等为指导，坚持教书与育人相结合，坚持教育与自我教育相结合，坚持

政治理论教育与社会实践相结合，坚持解决思想问题与解决实际问题相结合，坚持教育与管理相结合，坚持继承优良传统与改进创新相结合。这些原则是在继承我国传统德育经验的基础上，站在新的时代高度，根据素质教育发展的要求提出的高校德育的战略性原则，这些原则包含了教书育人、管理育人、服务育人等内容。

（三）提出了大学生思想政治教育的有效途径

课堂教学在大学生思想政治教育中应占主导作用，抓好"两课"教学，同时，其他各门课程也应发挥育人功能。除此之外，还应深入开展社会实践，加强校园文化建设，占领网络思想政治教育新阵地，开展细致的思想政治工作和心理健康教育，解决大学生的实际问题。

"三全育人"德育模式的基本要求是全员育人、全程育人、全方位育人，它的基本内涵符合党和政府对高校德育的要求，它的提出是为了坚持党和政府对德育工作的指引，响应党和政府关于德育工作与时俱进、创新发展的号召。

三、促进了德育理论自身的发展

育人为本，德育为先。德育要想取得实效，除了端正德育为首的位置之外，还必须紧密结合现实的社会发展要求，遵循德育本身应有的规律。德育理论的研究发展，是建立在解决现实问题需要的基础之上，不能脱离社会发展这个大背景。21世纪以来，我国教育理论研究的发展趋势主要体现在三个方面，即"走向教育理论自身的批判""走向丰富的教育实践""走向多维度的综合"，而伴随着我国市场经济的发展，中国当代德育理论的发展也经历了几次不同的研究重心的转移。

有学者将其划分为三个阶段，分别为德育理论研究的科学化阶段，德育理论研究的现代化阶段，德育理论研究的人性化阶段。每一次德育理论研究重心的转移，都是结合新的现实背景，对过去的德育概念、范畴及理论体系的发展。当今，我国进入了社会主义现代化建设的新阶段，德育发展也进入了新的历程。市场经济的深化改革、科学技术的迅猛发展、网络的普及，都赋予了德育崭新的含义，引起了德育概念和范畴之间发生相应的变化。

全球化的浪潮打破了过去封闭的世界格局，世界各国之间的联系变得更加紧密，更具有开放性。这样的时代背景也对德育提出了新的要求，德育面临的开放环境迫使德育也必须更新理念，建立与时代相适应的新思想、新方法、新模式，希望能保持其发展的生命力。环境的开放性，使得教育对象接受信息更为便捷，其价值观、思维方式也更易受影响。

因此，德育必须打破过去单一的、封闭的模式，建立一个整合、开放的体系，才能适应时代的变化。另外，德育本身也是一项系统工程，它需要调动各方面的力量，整合各方面的资源，才能最大限度地发挥其实效性。而"三全育人"模式正是一种开放的、动态的、整合的德育模式，它契合时代和德育理论本身的发展要求。

(一) 推进高校德育创新发展

中华人民共和国成立以来,高校德育在摸索中前进,在改革中发展,并取得了丰硕的成果。但由于历史及现实的各种原因,我国德育理念、德育方法、德育手段等都还比较落后,德育工作要创新发展,必须立足于实际,用先进的理念作指导,将理论与实践相结合,推动高校德育的不断发展。因此,在新的时代背景下,以理论研究和实践探索的结合为切入点,将德育队伍协调、整合起来,形成德育工作合力,进一步推动高校德育创新发展,是当前德育工作者所不能忽视的重大课题。

而"三全育人"模式,是一种大德育观,它以理论研究和实践探索的结合为切入点,一方面坚持党和政府对高校德育的指引,坚持调动一切积极因素拓宽德育渠道,加强了德育理论创新;另一方面又着眼于我国当前德育实效性不足的现实,以新时期社会和德育发展的要求为方向,重视实践探索,建立严密、具体的实践机制,理论与实践相互结合,完善队伍建设,开创新形势下全员育人、全程育人、全方位育人的大学生思想政治工作体系的新格局,形成高校德育的强大合力,从而推动高校德育创新发展。

(二) 提高高校德育科学性、实效性

当前,在经济全球化和科学技术迅猛发展浪潮的冲击下,国际国内环境发生了巨大的变化,开放的网络更加速了各种思潮的相互碰撞,大学生的价值观、人生观、思维方式极易受到不良思想、文化和风气的冲击。

另外,我国正处于全面、迅速的社会转型期,社会变革的新发展,在推动社会进步的同时,也不可避免地产生了一些新问题,利益群体及其分配方式多元化,人们之间的关系可能会因为利益的驱动或者竞争的加剧而紧张。如何在利益多元化及多元文化共存的情况下,教育大学生树立社会主义核心价值体系,树立以为人民服务为核心的道德准则。德育又如何在开放、自由的环境中,把握教育对象所面临的新冲击及网络时代下德育的新特点,构建与时俱进的德育工程,卓有成效地开展德育,是新时期德育工作者一项十分艰巨的任务。

"三全育人"模式是一个开放、系统、严密的德育模式,它强调将校内外的各种德育资源整合起来,形成德育合力,让德育贯穿、渗透在学生学习、生活、成长的每个阶段、每个地方,形成时时有德育、处处有德育的局面。相比之下,传统德育显得过于封闭、单一,德育方法与方式相对落后,德育内容相对过时。

"三全育人"模式适应当前开放的、多变的时代要求,因而能提高德育科学性。它强调动员全部力量进行育人,形成全员育人的格局,抓住大学生成长的关键时期,建立全方位育人的机制,开展全程育人,从而最大限度地挖掘了德育资源,拓宽德育的渠道,发挥德育的潜能,提高德育对开放、多变的环境的适应能力,增强德育的实效性。

(三) 提高大学生综合素质

当今世界各国的经济发展和科技进步主要依靠人才,尤其我国进入了社会主义现代化建设的新时期,更需要一大批高级知识分子来参与。要想培养高素质的人才,就必须坚持

党的教育方针，促进大学生全面发展，提高大学生的综合素质。大学教育的目标不只是使大学生获得专业知识和专业技能，更重要的是让大学生学会如何适应新的环境以及在新的环境中学会不断创新、自我发展与超越。这需要大学生具有较高的道德文化素质、较强的专业素质以及健康的心理素质等。

"三全育人"模式不仅调动全部力量参与德育工作，确保工作发挥实效，而且从各个方面对大学生开展全方位育人，育人的内容包括思想道德教育、心理健康教育等；育人渠道以教师的课堂教学为主渠道，也包含校园文化、课外活动、社会实践活动等多种渠道，多管齐下，全方位展开，使大学生不仅掌握应该学好的专业文化知识，形成良好的思想品德；还通过丰富多彩的校园文化活动以及社会实践活动锻炼了他们的才干以及人际交往的能力，开阔了眼界，促进大学生全面、健康地发展，提高大学生的综合素质。

第三节 "三全育人"的现状

自改革开放以来，高校的"三全育人"相关工作在党和国家的高度重视和方针政策的正确指导下取得了卓越的成绩，并呈现出勃勃生机的发展态势。"三全育人"一直深受重视，研究者们也致力于相关理论和实践的创新研究，但在这片生机的背后逐渐呈现出很多问题，比如，当前"三全育人"存在形式主义的弊病，所提出的口号、要求要远大于具体落实的办法措施，一些现实中亟待解决的问题和深层次的理论思想问题，大多都存在无力解决或是无法将解决措施落到实处的问题。因此，本书重新审视了高校"三全育人"的现状，对当前"三全育人"工作所存在的问题进行深入分析。

一、"三全育人"的成就

（一）开阔了育人视野

总体来看，经济全球化和多元文化的影响，使"三全育人"拥有了更广阔开放的发展视野，其成效主要体现在学生个体发展和高校教育理念革新这两个方面。从个体的角度来说，"三全育人"无疑为高校学生提供了一个更加开放的教育环境，致力于促进学生多元思维的发展，使大学生的思想状态更加饱满成熟，表现出与以往不同的开放、独立、活跃等特点，具备全面看待问题、冷静分析问题、探索创新问题的能力；不再墨守成规，能够大胆的表达自己的看法，拥有不同的个性。

在"三全育人"的教育理念下，学生能够通过实践育人、科研育人等途径，更加密切地关注外部社会环境的变化，表现出更强烈的求知欲，喜欢接触新鲜事物并有较强的学习动手能力。随着科学技术和网络环境的迅猛发展，高校学生在思想上也不断进步。单一的文化课程学习形式已经不再是他们的主要诉求，而是更接受隐性教育模式，同时期望在学校中受到潜移默化的熏陶感染，以提高自己的修养素质和能力水平。

"三全育人"将立德树人理念融入大学生学习生活的各个方面，通过"知识能力＋道德品行"的评价方式提高学生的综合素质，使新生代大学生学会做人做事，具有适应社会的能力，拥有更大的竞争优势。

从教育理念角度来说，"三全育人"的模式正在逐渐克服传统社会应试教育带来的一系列弊端，取而代之的是以更加全面、更加开放的姿态迎接高等教育改革，强调高等教育要做到以人为本、尊重个性差异，让学生得到全方位、立体化的发展。传统教育模式下的思想政治教育具有鲜明的工具性，教育手段以灌输式为主，教师占据主体地位掌握权威，一定程度上扼杀了学生的自主性、独立性发展。

在现代的"三全育人"机制下，高校育人模式开始回归"以人为本"，注重育人方式的创新转变，在立德树人理念的引导下注入新的活力，激发学生的自主能动性，更新育人理念，消除传统教育模式对学生个性发展的限制，推进育人理念的改革、创新，实现思想政治教育工作的有效渗透。

（二）提高了育人队伍素质

随着我国高等教育毛入学率的逐渐升高，随之而来的主要问题是由数量扩张到内涵质量的转变，尤其是我国进入特色社会主义新时代后，对人才培养的质量要求也越来越高，急需高校引进一批具有高素质的专业人才。实行"三全育人"后，高校对教师和各部门职工的科学文化素质要求大幅提升，对人才引进的需求门槛也有所提高，教职工学历层次有了显著提升，进而使全体育人队伍的教学、科研、管理能力稳步上升。

人创造环境，环境同样创造了人，专职教师、辅导员等在承担日常教学管理事务过程中起到"活教材"的作用，能够让学生从高学历人才的学术、学业成就中切身感受到榜样的力量，激励学生在良好的育人氛围中学习。育人队伍的科学文化素质全面提高为"三全育人"奠定了坚实的人力资源基础，进一步实现"教书育人"，使高校更加容易通过学风建设等开展大学生思想政治教育。大学生既是教育的对象，也是教育的主体。

在"三全育人"机制下，学生占据教育的主体地位，更加配合育人工作开展，更加积极主动参与教学全过程。现今，社会主要矛盾已经由物质文化的一元化层次转向美好生活的多元化层次，参与高等教育人才培养逐渐变成全社会的广泛共识，很大程度上提高了教师、家长的育人意识和育人素质，为学生营造学校、家庭、社会等多方共同努力的育人氛围。

（三）延伸了育人范围

"三全育人"贯穿大学生入学到毕业的始终，在时间上表现出持续性，育人工作覆盖到教育教学的所有环节、所有时段，甚至一些高校将育人范围延展到在校学习范围以外的假期实践，体现了"三全育人"的连续性。新时期立德树人的根本任务对人才培养提出更加全面的要求，提倡育人工作的精细化开展，更注重育人工作细节的开展，高校思想政治工作需要不断扩大教育范围。

在传统育人理念下,思想政治教育应该从学生接受入学教育的那一刻开始,但新时期"三全育人"的理念,认为这一开端早已超越了入学这个界点,众多高校在"三全育人"理念的指导下纷纷展开新的尝试。例如,清华大学在给新生邮寄录取通知书时写上"要在平凡的世界努力做一个不平凡的人"的寄语,激励学生不忘初心、努力奋斗。规定教师和学生的"开放交流时间",提倡每位教师都从一周中抽出一小时的时间专门与学生交流互动,教师对学生的各种问题进行解答,搭建一个师生沟通思想、生活、学习的开放平台,体现了时时、处处有育人。

南开大学电光学院自2014级入学以来,每个寒暑假都会分层、分类的为不同年级学生布置"作业",将思政教育延伸到学期之外。2019学年的寒假作业采用了网络热门的话题"集五福",分别对应寒假学业科研、复盘规划、社会实践、人文素养提升以及孝老爱亲五个专题等。

传统的育人模式一般认为教育工作的终点是学生毕业离校,而在新时代"三全育人"的模式下,大部分高校在毕业生离校后会对其后续就业、升学的情况进行跟踪调研,了解毕业生对母校教学质量的满意程度;一些高校还会定期通过校友会或校园公众号、QQ号等向毕业生推送母校各类消息等,加强校友之间的沟通与联系。

"三全育人"使高校育人的起点向前延伸、终点向后延伸,有利于引起全社会对高等教育工作的关注,拓展了立德树人的时间范围。

(四)拓展了育人资源

"三全育人"充分利用了各种教育资源和教育载体来开展育人活动。新时代中国特色社会主义的新使命不断助推立德树人内涵的深化与外延,对于社会主义新时期出现的高等教育难题,高校应采用何种方式、何种方法予以解决,如何实现培养社会主义建设者和接班人的任务,成为"三全育人"亟待解决的难题。

一方面,随着科技和网络环境的飞速发展,"三全育人"逐渐填补了育人资源上的部分空缺,产生了"网络育人"的途径,借助网络载体开展大学生思想政治教育是新兴的育人模式。例如,"慕课"的出现对传统课堂教学形式提出了新的挑战,高校纷纷反思传统课堂教学形式带来的问题,结合"慕课"的新形式对大学生进行思想政治教育。得益于"大数据"时代的来临,基于我国"大数据"战略实施开展,高校开始利用精准便捷的科技优势对学生进行高效便捷的教育、管理等。

这些现实问题成为新的研究课题,使"三全育人"的意蕴更加丰富,给立德树人带来更多机遇与挑战。另一方面,"三全育人"利用丰富的网络资源,使教师可以从海量资源中查找相关资料来丰富教学内容。同时,学生在任何时间、任何地点都可以与教师沟通交流学习和生活上的问题,有效改善传统课堂教育教学的刻板枯燥,进一步提高了思想政治教育的实效性。

"三全育人"将家庭、社会与学校教育融为一体,形成强大的教育合力,为获取更多教育资源、开展更大范围的立德树人工作提供了更广阔的空间,高校学生吸收各种先进思想和优秀文化,强化了自身修养,提升了道德品质,形成现代化的价值观念。

"三全育人"的教育机制使教育者和受教育者在学习、生活的沟通交流中保持相对平等的状态,教师的"教"和学生的"学"是双向互动的,利用更多的交流平台减轻学生的顾虑负担,更加尊重学生的隐私,能够在一个相对轻松的环境中,更加自在地畅谈自己的想法、发表自己的观点,解决生活与学习中遇到的困难和问题,这样有利于形成融洽的思想政治教育氛围。

二、"三全育人"面临的现实困境

(一)绩效评价机制不完善

对于如何评价"三全育人"是否取得育人成效,需要高校在"三全育人"内部建立起系统、科学的绩效评价制度。开展绩效评价的最终目的是优化"三全育人"的人员参与性,让学校的领导、教师、职工甚至学生都更加积极地参与其中,同时提高育人参与者对自我工作的认同感和成就感,进而达到立德树人的目的。

如此一来,绩效评价机制不仅需要考虑到最终育人成果的产出,还需统筹兼顾"三全育人"工作的阶段性成果。按照合理规范的评价标准进行综合考评,检验是否达到了既定育人标准,为之后进一步改善"三全育人"的各方面工作提供有力参考和方向目标。

但以当前的状况来看,"三全育人"的绩效评价机制在理想和实践上还存在较大差异和许多问题,无法达到预期效果。因此,在绩效评价层面,还需改进以更好地辅助"三全育人"工作。

完善"三全育人"的绩效评价机制需要遵循以下四个方面的原则:

一是坚持客观事实的原则。绩效评价的过程实际上就是客观反映育人参与者的实际工作情况,必须做到"用事实说话",避免"光环效应",着眼于真实的育人效果。在"三全育人"的过程中,一些高校仍存在评价标准不一致的情况,容易产生"一刀切"的问题,或者将"三全育人"的绩效评价简单等同于对教育教学的评价,没有抓住"三全育人"绩效评价真正的内涵实质。

二是遵循整体性原则。将育人工作的各个方面要素都纳入绩效评价的范围,形成一体化评价,真正达到绩效评价的预期效果。当前部分高校存在"三全育人"的绩效仅依靠科研量进行评价的现象,而忽略教师有没有完成思想政治教育,对高校教师而言这显然是不公平的,只有将科研成果、教学质量和思想政治教育完成情况等多项工作相结合进行的整体性评价才更具说服力。

三是坚持实效性原则。绩效评价的时间要有计划、有规范,严格按照规定的时间范围来验收育人效果,不能不作评价也不能过多评价,以免给师生造成过多负担和压力。当前,一些高校在进行"三全育人"绩效评价工作时布置了过多的任务,"一周一评""一月一批",导致教师疲于应付形式化的评比;还有些高校制定了年度考核,真正实行起来"雷声大、雨点小",容易造成育人时间的留白,最终导致评价结果诚信缺失。在制定"三全育人"绩效评价的周期时,各高校应从自身的实际情况出发,综合考虑育人的进度和师生的接受程度。

四是公开性原则。我国是社会主义国家，公开性原则是社会主义民主的基本特征，在社会主义大学中开展"三全育人"，同样关系到我国社会主义民主的建设和发展。一些高校"三全育人"绩效评价的透明度仍然较差，存在考核标准、程序、结果不公开或者半公开的现象，导致出现争议或问题，严重影响"三全育人"的真实度。育人主体应清楚了解自己的考评结果，并对全体绩效评价情况有清晰的认知了解，才能使其意识到自我价值产生紧迫感，只有逐步完善"三全育人"的绩效评价机制，才能更好地提高全员育人的积极性，增强育人创新能力。

（二）奖励激励机制不完善

奖励激励机制是在系统运作过程中为了刺激参与者更有效率地工作而设置的一种手段，在模式上具有规范化的特点。创建激励机制需要对被激励主体进行全面考察，除对被激励主体的个人需求进行综合的调查、对比、分析、预估外，还需要对设置激励机制的机构所能给予的资源进行评价，综合当前社会发展概况来设置激励机制。任何个体在发展中都会表现出独特性的特征，每个人所期望得到的激励也不尽相同，其中既包括物质层面的需求，还包括精神层面的满足。

因此，"三全育人"的奖励激励机制不仅要满足育人主体和育人对象所提出的要求，还需要在建立"三全育人"的激励机制时，组织结构设计上具有大局意识，统一协调各部门全员参与，充分询问作为被激励主体的教职工人员的意见及建议，充分发挥多种奖励激励形式的功能作用。

当新的激励机制开始试行后，对人员的接受程度进行长期的调查追踪，若出现实行起来困难或达不到预期效果的情况，则需要注意对激励机制进行调整，查缺补漏、不断改进，使激励机制在今后的工作中能更好地发挥作用，为高校"三全育人"的发展服务。但就现有情况来看，高校"三全育人"的激励机制仍存在不足之处，达不到预期效果，且极易产生不公正、效率低等现象。

完善"三全育人"的奖励激励机制需要遵守以下三个方面的原则。

一是公平性原则，所有的激励实行和评比过程都要公正、公平和公开。如今高校中仍然有一些反面教材，激励机制在不同的育人群体中有不同的方法和标准，这不仅起不到鼓励创新的作用，反而会产生负面影响，使被教育者对教育者的教育行为产生不良情绪，打击学生的学习积极性。对于能够认真完成育人工作并取得良好绩效考评结果的教师，以及能主动地参与"三全育人"工作的受教育学生，要适当奖励他们积极配合"三全育人"工作的精神，起到鼓舞人心的作用。

二是直观性原则。这一原则是指在设置"三全育人"激励机制的过程中，要注意采取透明公开的措施和方式，指明激励目的，以直观易懂的方式呈现给教职工和学生。公开直观的做法会对参与"三全育人"的教育者和被教育者产生潜在的积极影响，收获的效果是加倍的。但目前一些高校对于"三全育人"的激励机制设置还是缺乏重视，一些教师和学生甚至不清楚有这项工作的存在。

三是时效性原则。实际上"三全育人"本身就具有时代性，会随着社会的发展不断进步和变化，因此，设置"三全育人"激励机制时更要关注激励时机的问题，做到与时俱进，即时效性、针对性越好，后续所产生的效果也愈加明显，从而达到协同发展、持续创新的目的。但当前许多高校的激励机制仍不完善，并不能精准找到时间和空间上的平衡，在最需要进行激励奖励的时候错失机会，甚至根本不重视激励机制的作用，这在一定程度上令教师和学生感到失望，打击了"三全育人"的积极性，因此"三全育人"的奖励激励机制设置完善的工作亟待改进。

（三）实践育人机制不健全

实践育人是高校"三全育人"的重要工作方法，在育人的实践过程中帮助学生树立正确的世界观、人生观和价值观，提高学生的认知能力和思想觉悟，以提升知行合一的能力，更好地适应社会，从而达到"三全育人"的目标。当前形势下我国高校"三全育人"的实践教育机制仍存在许多问题，基础建设还不健全，关键在于无法保证实践教育机制的长效性。从某种意义上来说，高等教育已经进入一种"消费时代"，学生不只是学习者，更是教育的消费者，有着更多方面、更高标准的教育诉求，其中既包括知识层面、思想层面的需求，还拥有更强烈的参与实践的意愿。要想在实践育人上取得良好的教育成果并形成积极的良性发展势态，就必须对其长效性作出有力保障。

健全"三全育人"的实践机制需要做好以下几点：

第一，必须落实责任制度，领导实践教育稳步前进。对高校大学生进行"三全育人"的实践教育方式方法多种多样，如勤工俭学等方式都可以为大学生提供更多的实践渠道，对学生实践能力的培养和思想政治教育的延伸都具有积极作用。

第二，还需要"三全育人"的各系统组织共同努力，加强实践教育相关部门的领导带头作用，具体落实责任所在，才能取得长足发展。

第三，"三全育人"的实践育人需要我们加强对受教育者实践能力、实践意识的启发培养，将实践教育理论深入课程和教学过程，加强实践平台的创设，使理论与实践、知识与能力有效结合，在实践中开展思想政治教育工作，保证"三全育人"的实践育人机制平稳有序地进行。

（四）心理育人机制不健全

近几年，心理育人在高校中受到了很大关注，主要针对学生心理上出现的问题，是高校"三全育人"不容忽视的教育方法，推动高校思想政治教育"大思政"格局的形成。心理育人机制符合立德树人的需求，成为高校"三全育人"的重要实现载体。

心理育人主要运用了心理咨询的方法，不同于医学领域的心理咨询治疗，心理育人主要应用心理学的相关理论知识，以高校学生为对象进行教育活动，帮助他们获得愉快的心理体验，以健康的心理状态面对学习和生活，进一步解放思想上的负担，适应内部外部环境。当前我国高校心理育人的现状还不容乐观，缺乏科学性的机制建设，学生中存在一些心理状态比较不健康的群体，骇人听闻的极端事件时有发生，这种现象为我们敲响了警钟，呼吁高校进一步重视心理育人的重要性。

目前，关于"三全育人"的心理育人建设问题主要表现在以下两个方面：

一是校方没有高度重视心理育人对学生和教师带来的影响，未能敏锐察觉到在当前快节奏工作、学习和生活的状态下滋生的心理压力。这些压力、焦虑无法得到缓解，就容易导致心理疾病，如抑郁症、焦虑症，影响日常生活和学习，严重时还会爆发负面情绪，甚至轻生。

二是高校缺乏对心理育人机制的推广宣传，虽然现在大部分高校都按照相关规定开展心理育人工作，也安排了专门的教师和场所，搭建了心理育人的平台，却形同虚设、无人问津。根本原因在于高校未能将心理育人的政策和重要性及时宣传到位，学生对心理学的相关专业知识知之甚少，又畏惧将这些问题宣之于口，自以为问题并不严重，不需要专门的辅导调节。即使知道自己出现了心理疾病症状也讳疾忌医，耽误了接受辅导的最佳时机。

因此，高校要充分完善和创新心理育人机制，探索更适合高校师生的心理健康教育教学方法，落实预防干预政策，结合心理学、教育学等多学科的相关知识对师生进行定期辅导，以便更好地达到"三全育人"的效果。

（五）管理服务机制不合理

管理育人和服务育人都是"三全育人"的重要方面，这些日常的管理、服务工作使"三全育人"的系统有序运行，为"三全育人"工作在高校的开展提供相应的方法和路径。从目前的育人现实来看，管理育人和服务育人都存在一定的强制性，管理和服务又太过于分散，存在"走过场"的现象。

一方面，高校管理育人的意识和理念较为淡薄，一些高校认为既然学生是被管理的对象，只要学生服从了管理决策，就相当于完成了育人的任务，更多的体现管理者的上级地位，从而忽视了学生的主体地位；管理人员在执行育人任务时，往往会采取强硬的态度和方式，用强制要求甚至警告的方法使学生接受，有时甚至会激化师生间的矛盾。"三全育人"以育人为中心，以实现立德树人为根本任务，因此在对学生的管理上也一定要体现和贯彻全员、全方位、全过程的育人思想，转换管理者的角色定位，多理解、关爱、尊重学生，运用更多隐性、柔性的管理方法进行教育。

另一方面，服务育人是高校后勤部门一项重要职能，应该为"三全育人"提供相应的保障，使育人工作井然有序地展开。当前一些高校的服务育人理念仍然不清晰，相关人员常认为育人是专职教师的事，与自己的工作关联不大，一些后勤人员甚至丝毫没有服务育人的意识，过于官僚主义做派，为教师、学生服务也存在着"门难进、事难办、脸难看"的"踢皮球"现象。这些现象不利于高校"三全育人"的开展，更是对新时期的"立德树人"任务具有消极影响。

（六）教师教育界限过于分明

高校"三全育人"的育人队伍大致可以划分为三个阵营，即专业课程教师、思想政治教师和其他行政教职人员。这三大育人队伍虽然都同属"三全育人"的教育者，但各自分工不同、各司其职。虽然育人队伍的划分有利于提高各自的工作效率，但造成了缺乏沟通交流的局面，对"三全育人"工作的展开产生负面效应，对学生综合素质的培养没有好处。

课程育人是"三全育人"体系的重要组成部分，专业课教师在教育教学活动中育人，而思政课程专攻思想政治教育，具有较强的意识形态属性，由专业的教师进行理论、思想的传授；高校的其他行政人员和职工虽然有育人的任务，但由于较少与学生接触，很难把握现实状况，无法真正起到育人的作用。

这三者之间有着十分明显的人员界限，专业课程教师的关注点更多在于专业性知识讲解和科研任务，很少甚至从未涉及对学生的思想政治教育，育人的理念实际上存在缺失，其他人员又缺乏育人意识，只靠思政课教师进行思想政治教育，是无法完成"思政课程"将各类课程与思想政治理论课程形成协同效应的要求的。

由此可见，太过于泾渭分明的育人队伍，不利于学生思想政治教育工作的推进，更不利于新时期高校"三全育人"机制的运行和创新。只有着眼于当前的工作实际，充分调动育人队伍之间的协调作用，让各个阵营的教师在各尽其职的同时融合成一股强大的育人合力，着力于高校思想政治教育，实现你中有我、我中有你，对于实施"三全育人"具有重大意义。

第四节　"三全育人"的理论基础

根深才能叶茂，"三全育人"德育模式之所以能与时俱进，与其深厚的理论根基密不可分。它吸收了理论的精华，再应用于现实，因而具有旺盛的生命力。

一、系统论理论

系统是指处于变化、联系、交往、互动中的各个要素的总体，它的价值应大于单一个体的总和，即整体大于部分之和。系统论强调处于关联互动中的各个要素和整体系统之间存在着某种关系，系统绝不能完全等同于要素的简单相加，系统与要素在特征、效用、活动等属性上既有联系又存在差异。系统就是要突出整体的作用，强调整体是由相互关联和相互制约的各个要素组成。

系统论的基本思想方法，就是把"三全育人"当作一个系统，分析它的结构和功能，研究系统、要素、环境三者的相互关系和变动的规律性，并优化系统观点看问题。同时，系统具有不断与外界环境进行物质、能量、信息交换的性质和功能，开放性是系统演化的前提，也是系统稳定的条件。

系统的各要素之间是由于相互作用而联系起来的，在整个"三全育人"的过程中都需要协调和调动育人的所有要素，发挥系统的整体性功能，整合各方面的资源共同参与并完成。"三全育人"可以看作一个整合的系统，内部各个要素之间相互联系又产生反向作用力作用于系统整体，激发系统产生最大功效，进而提升高校立德树人的实效性。

系统论是20世纪40年代末兴起的综合性学科，它的基本思想方法，就是把所研究和处理的对象当作一个系统，分析系统的结构和功能，研究系统、要素、环境三者的相互关系和变动的规律性，并用优化系统的观点看问题，世界上任何事物都可以看成是一个系统，系统是普遍存在的。无论大至渺茫的宇宙，还是小至微观的原子，甚至一粒种子、一群蜜蜂等都是系统，整个世界就是系统的集合。系统论认为，整体性、层次性、开放性、目的性、稳定性、突变性、自组织性和相似性等是所有系统的共同的基本特征。

（一）系统论整体性原理

系统论整体性原理指系统是由若干要素组成的、具有一定新功能的有机整体，各个作为系统子单元的要素一旦组成系统整体，就具有独立要素所不具有的性质和功能，形成了新的系统的规定性，从而表现出整体的性质和功能不等于各个要素的性质和功能的简单相加。

系统工程就是从系统的认识出发，设计和实施一个整体，以求达到我们所希望达到的效果。这里强调了系统论整体性的重要性，整体性是系统最为鲜明、最为基本的特征之一，系统之所以成为系统，首先必须要有整体性。

一般系统论的创始人贝塔朗菲曾说，"当我们讲到系统，我们指的是整体或统一体。"他强调，任何系统都是一个有机的整体，它不是各个部分的机械组合或简单相加，系统的整体功能是各要素在孤立状态下所没有的。他还用亚里士多德的"整体大于部分之和"的名言来说明系统的整体性，同时认为系统中各要素不是孤立地存在着，每个要素在系统中都处于一定的位置上，起着特定的作用。

要素是整体中的要素，如果将要素从系统整体中割离出来，它将失去要素的作用。正如手在人体中是劳动的器官，一旦将手从人体中分离开来，那时它将不再具备劳动功能了。系统功能依赖于要素活动，但任何功能归根到底起源于系统内各要素之间的相互作用。

众所周知，社会是一个大系统，而道德是社会巨系统的一个子系统，相对于社会这个大系统而言，道德仅是社会大系统的一个要素；对于组成道德的诸多要素来说，道德又是一个系统。和社会巨系统一样，道德系统也是一个复杂的、开放的、动态的系统，是个超自组织的全息系统。因此德育是一项系统工程，需要方方面面的支持与配合，需要整合各种资源、协调各方面的力量来共同参与，协作发挥系统的整体性功能。

"三全育人"德育模式强调在德育系统内，将各要素整合起来，使其相互联系、相互制约、相互作用，形成德育合力，优化德育系统结构，发挥德育系统的整体性功能，从而实现德育工作的成效最大化，增强德育的实效性。

（二）系统论开放性原理

系统的开放性原理指的是，系统具有不断地与外界环境进行物质、能量、信息交换的性质和功能，系统向环境开放是系统得以向上发展的前提，也是系统得以稳定存在的条件。我们生活的世界是一个系统的世界，现实的系统都是开放的系统。我们所面对的世界是一个开放的世界，形形色色的各种系统，无论它是物理的、化学的，还是生物的，乃至是社会的，都处在开放之中。

不与环境接触的、不向环境开放的系统是不存在的。自然科学早在19世纪就已经严格证明，一个系统如果处于封闭状态，与外界全然没有任何交换，那么这个系统就只会自发地走向混乱无序，或迟或早总会走向"死亡"。现实世界中的系统，总是存在着不同程度开放性的系统，因而总是发生着系统与环境的相互联系和相互作用，总是存在着内因和外因的相互作用、相互转化，因而系统总是处于发展演化之中的。

科学的发展和社会的进步，使得信息概念史无前例地重要起来。我们的时代常被称为信息的时代，互联网的横空出世，打破了国界的壁垒，使得信息的传播和交流更为方便、快捷。整个世界不再是封闭的体系，各国、各地之间的联系变得更加紧密。

我们的德育系统也不再是封闭的、与世隔绝的系统，一方面，开放多变的社会环境以及互联网等通信媒介的普及使用，使身处开放的环境之中的学生获取信息更为便捷，身心尚未完全成熟的学生很容易受到外部环境的影响；另一方面，高校所培养的人才最终都将走向社会，为社会主义现代化建设服务，推动社会发展。为了使培养的人才适应开放多变的社会环境发展的要求，与社会发展形成良性互动，我们必须把德育系统置于一个开放的、动态的系统中进行考察，以增强德育的针对性和实效性。

二、思想政治教育的协调控制理论

协调控制原理是思想政治教育理论的规律之一。所谓协调控制原理，指的是在思想政治教育过程中，教育者既要协调各方面、各阶段的自觉影响，又要努力控制各方面、各阶段的自发影响，实现自觉影响与自发影响的辩证统一发展。教育者和受教育者既要积极主动地协调各方面、各类别、各发展阶段的自觉影响，又要控制自发影响，这一过程是一个立体、开放的过程，对这一过程的协调控制，并非是教育者一方的事情，而是教育者和受教育者双方共同承担的任务。

"三全育人"是一个诸多因素相互作用的矛盾运动过程，这种矛盾运动过程中还包括各种各样的矛盾，如教育要求与社会环境之间的矛盾、教育者与受教育者之间的矛盾等。在当前高等教育立德树人的重点要求下，"三全育人"的教育理念和教育机制应用于高校思想政治教育的全过程、各方位，全员育人体现了人员要素的多元化，全方位育人体现了育人目标的一致性。全过程育人体现了育人时间的持久性等特性，将学校、社会和家庭各方面的教育功能结合为一体，最大限度地拓展育人路径，使显性育人手段与隐性育人手段同时深入。

在"三全育人"的教育工作中，教育者和受教育者之间不再是教师对学生的单向的教学关系，受教育者可以主动参与教育活动、选择教育内容，进行自我理解、自我消化。"三全育人"这种贯穿于学生成长成才的整个过程，并根据受教育者身心发展不同阶段、不同需求给予不同教育内容和方法的机制,体现了协调控制原理,符合协调控制原理的基本内涵。

与其他科学一样,思想政治教育也有它特定的系统体系和规律。协调控制规律是思想政治教育具体规律之一。所谓协调控制律,指的是在思想政治教育过程中,教育者既要坚持和协调各方面、各种类、各阶段的自觉影响,又要努力控制各方面、各种类、各阶段的自发影响,实现协调自觉影响与控制自发影响的辩证统一。

我们知道,思想政治教育过程是一个诸多因素相互作用的矛盾运动过程,这种矛盾运动过程中包括各种各样的矛盾,如教育要求与社会环境之间的矛盾、教育要求与受教育者本人思想行为之间的矛盾、教育者与受教育者之间的矛盾等。这些矛盾之间的对立与冲突会直接影响教育效果,因此,在思想政治教育的过程中,必须认识这些相互对立的矛盾关系,并有预见性的加以协调控制,才能使思想政治教育形成比较协调一致的合力。

第一,思想政治教育要做到协调自觉影响与控制自发影响的辩证统一,必须坚定地坚持正确的政治方向。思想政治教育的教育目标、教育内容、教育任务的制定必须从我国的国情出发,思想政治教育活动的开展不能脱离现实社会发展的要求,因此,思想政治教育必须正确判断社会需要、社会形势以及社会发展的趋势,及时地、有预见性地规定教育任务、教育要求和实施教育活动,防止思想政治教育与社会实际需要出现背离。

"三全育人"德育模式的构建,是基于现实德育实效性不足以及新的时代德育发展的需求基础之上,同时是响应了党和政府对新时期德育提出的新要求,是一种立足现实并致力于解决现实问题的德育模式,符合社会发展的需要,符合我国的国情,因此,它是一种理论与实际紧密相结合的模式。

第二,思想政治教育要做到协调自觉影响与控制自发影响的辩证统一,必须要坚持社会影响、学校教育与家庭教育三者的一致性和协调性。社会影响,主要是指大学生所处在的社会环境直接或间接地对大学生施加的影响,比如互联网、报纸、电视等大众媒介所产生的有意识的教育影响。当前科学技术的迅猛发展、网络的普及打破了过去世界的闭塞状态,使得信息的传播与交流更为便捷、迅速,身处其中的大学生由于世界观、人生观、价值观尚未真正定性,极易受到周围环境的影响。

学生在学校接受的思想政治教育与大众媒介所宣传的部分理念可能存在冲突,因此,在现实生活中,社会影响、学校教育和家庭教育相互矛盾或不协调是导致教育低效的重要原因之一。"三全育人"德育模式是一种大德育观,其最大的优势是动员全部人员参与德育,挖掘一切德育资源进行德育,拓宽育人渠道,家庭教育、学校教育、社会教育相结合,显性德育与隐性德育双管齐下,全方位地开展育人工作,使德育无时不在、无处不在,形成一股强大的德育合力,增强德育的实效性。

第三,思想政治教育要做到协调自觉影响与控制自发影响的辩证统一,还必须做到前后连贯和一致。社会的向前发展有着一定的阶段性,而每个阶段的矛盾各有其特点,因此,它决定了根植于社会发展要求的思想政治教育也发生相应的转变,在每个不同的阶段所抓的重点应有所侧重。但是把握重点与思想政治教育的连贯性和一致性并不冲突,因为在突出重点的同时，还必须坚持系统化规范性教育。"三全育人"德育模式中的"全程育人"强调思想政治教育贯穿于大学生思想政治教育的全过程，

在其成长的特定时期实施不同的教育，每个阶段的思想政治教育侧重点都有所区别，但是除抓住成长的关键点之外，它还注意把思想政治教育贯穿到大学生成长的始终，这也是思想政治教育前后连贯的体现，是遵循思想政治教育协调控制规律的表现，其内涵符合思想政治教育的协调控制规律的内容。

三、人的全面发展理论

人的全面发展理论是马克思主义的基本原理之一，也是我国教育方针的理论基石。所谓人的全面发展，即人的体力、智力等充分、自由、和谐地发展。人的能力最主要有两个方面：人的体力以及人的智力。人们在社会中通过体力劳动达到自己的所需之外，还可以通过从事科技、艺术类等脑力工作来发展自己各方面的能力，体智相结合发展以提高个体的劳动能力和创新能力，在体智相结合发挥作用的基础上从事社会活动，只有这样才能使人的能力得到提高和发展，同时推动社会的进一步发展。

人的全面而自由发展理论包含着广泛而深刻的内容，它既是人不断完善自身、超越自我应追求的目标，更是我们的高等教育所应追求的目标。教育的出发点是人，最终所追求的目标还是要落在人身上，达到学生的德、智、体、美、劳自由协调发展，形成道德修养，综合素质都得到全面提升的教育效果。而"三全育人"内化了人的全面发展理念，它以育人为核心，全方位地开展育人工作，将显性影响因素和隐形影响因素协调并用，使"三全育人"潜移默化到所有育人环节。因此，人的全面发展既是"三全育人"的理论基础，也是其追求的目标。

四、马克思主义关于人的全面发展理论

"人的全面发展"是马克思主义的基本原理之一，也是我国教育方针的理论基石。所谓人的全面发展，即人的体力和智力的充分、自由、和谐的发展。人的全面而自由发展理论包含着广泛而深刻的内容。在《经济学手稿（1857—1858）》中，依据人的存在状态，马克思把人的发展分为三个阶段：人的依赖关系（起初完全是自然发生的），是最初的社会形态，在这种形态下，人的生产能力只是在狭窄的范围内和孤立的地点上发展着，是第一阶段。

以物的依赖性为基础的人的独立性，是第二大形态，也是第二阶段，在这种形态下，才形成普遍的社会物质交换、全面的关系、多方面的需要以及全面的能力的体系。建立在个人全面发展和他们共同的社会生产能力成为他们的社会财富这一基础上的自由个性，是第三阶段。人的全面而自由的发展，是马克思所论述的人的发展阶段中最高且最理想的阶段。

人的全面发展包括人的个性的全面发展。人的个性的全面发展主要包括个人自主性、

独特性以及创造性的全面发展三个方面的内容。自主性是人的个性发展中一个很重要的方面，是相对于压迫性与奴役性而言。人们通过逐步克服自然压迫和社会压迫而获得自主性，人只有拥有了自主性，摆脱了人身关系的依附性和奴役性，人的个性的全面发展才具有意义。人的独特性是人区别其他人所特有的属性。

正如世界上没有两片完全相同的树叶一样，世界上也不会有两个完全相同的人。人通过与世界的接触、与他人的交往比较，个体逐渐产生了"自我"意识，进行对自我的反思，从而更加明确自己的地位和价值。创造性是人在创造活动中的能动性，是人的本质属性之一，指个人将潜在的创造力转化为现实的创造力，并且将其进一步转化和提高。培养人的创造性既是我国素质教育的要求，也是我国德育的目标。现代德育是以促进人的德行现代化为中心的德育，以人为本，尊重人的主体性、人的个性的差异性，以促进主体德行发展为根本目标。

人的全面发展既是人不断完善自身、不断超越自己应树立的信念和追求的目标，更是教育包括德育所应追求的目标。德育的出发点是人，最终目标还是促进人的体力、智力等协调发展，交往能力增强，社会关系更加和谐、完善，形成良好的社会所要求的道德品质，人的综合素质得到全面提高，人得以充分、自由、全面地发展。"三全育人"德育模式内化了以人为本的理念，它以"育人"为核心，动员一切力量，形成教书育人、管理育人、服务育人的格局，显性和隐形德育两种手段相结合，让德育无形地渗透到每个环节，全方位地开展育人，促进人的综合素质全面协调发展，形成良好品格。因此，人的全面发展既是"三全育人"德育模式构建的理论基础，也是其所追求的德育目标。

第五节　国外高校育人经验借鉴

国外高校在育人方面也已开展多年的研究与实践。笔者将国外一部分较为集中和前沿的研究成果进行了汇总，列举了一些较为成功且有代表性的实践案例，以供读者参考、吸收、借鉴和提升。

根据调查研究，思想政治教育并不是我国独有的教育内容，西方发达国家也普遍开展了思想政治教育，虽然他们没有明确提出"思想政治"的概念，但是其德育方面的教育依然带有浓厚的政治色彩。国外高校思想政治教育的培养目标与其国家目标和教育目标是一脉相承的，具有鲜明的时代性和目的性，反映出各个国家的需求和重点。人类社会在发展过程中形成的共同价值观成为各个国家共同遵守的准则，其共同目标是要培养各国所需的思想政治品德合格的接班人，培养合格的本国公民，培养全面发展、综合素质过硬的人。

国外高校思想政治教育的内容十分丰富，既涵盖了通用的共性内容，也体现了各个国家独具的文化特征和价值观念，并且随着时代发展和社会进步不断充实和完善，如价值观教育、爱国主义教育、宗教教育、心理健康教育、职业道德教育、环保教育等。其思想政治教育往往紧密联系社会实践，与学生的健康成长密切相关，同时注重实效性，将枯燥的说教和理论尽可能地变成通俗易懂的道理，让学生更加容易接受。国外高校十分重视课堂教学，开设了丰富的思想政治教育类课程，同时非常注重将思想政治教育融入专业课教学和其他学科的教学中，并且注重通过多种多样的社会实践活动增强学生的社会责任感，提升学生的公民意识和道德素养。

国外高校多年来探索出的一系列育人经验对加强和改进我国大学生思想政治教育具有深远的借鉴意义。

一、注重创新意识和动手能力

百闻不如一见，一见不如实践。西方教育在创新意识的培养和动手能力的提高也有很多值得学习和借鉴的方法。现代的学校教育越来越强调学生的动手能力、创造能力，如DIY（自己动手）制作手工作品、种植一盆属于自己的盆景、制作一个多功能机器人、设计一套理想的房子等。这些既有创意又环保的课题在日常教学中被教师运用得炉火纯青，学生们也乐在其中。教学手段的创新改变了传统的"教师讲、学生听"的教学局面，增加了学生操作实验课程，使学生有更多的动脑、动手、动口的机会。实验教学能够激发学生的学习兴趣，更有利于学生对知识的掌握，大大提升了学生的创新意识，培养了学生的实践能力和动手能力。

美国教育家弗雷德认为，在对学生进行思想政治理论教育的同时，应该加强对教育客体实践能力的培养。西方很多学校不同程度地受到他的育人理论的影响，注重学生实践能力的培养与考查，同时非常注重让学生在实践中接受思想道德教育。例如，在美国，从幼儿园开始便让孩子自己使用木块、积木类的东西来"造物"，一直持续到小学二年级。美国一向非常重视STEM教育（即科学、技术、工程和数学教育），在教育改革的过程中也非常重视对学生创造力和实践动手能力的培养。

近年来，美国政府加大了对从小学到大学各个层次的STEM教育的支持力度，推出教育基金，鼓励各州改善STEM教育，加大对基础教育阶段理工科教师的培养和培训。美国政府还要求科学家多去学校演讲并参与课外活动，以激发年轻人对科学研究的兴趣。在英国，学生从小学开始就必须学习艺术与设计、公民、计算、设计与技术、外语、地理、历史、音乐和体育9门基础课。

学生要通过动手实践来学习相关概念，了解机械、建筑等多方面的基础知识，掌握艺术设计的基本方法。通过这样的学习方式，掌握多个领域的相关知识。后续教育过程中，还会加入编程教育。加拿大的教育中注重将知识融入与生活相关的问题中，让学生在解决现实问题的同时更加透彻地掌握理论知识。而家长也会与学校配合，让学生在日常生活中更多地体验学习相关技能。

改革开放以来，我国在世界上以"制造大国"而闻名，但这里的"制造"是指为其他国家的产品进行人力加工。近几年，我国在世界工厂中的地位正在慢慢发生转变，"智造"正在慢慢取代"制造"。要想转变生产主体，以创新制造取代人力加工的主体地位，绝不能只依靠生产"主力军",而应该从"幼苗"开始培养。比起课本上照本宣科的理论,国外发达国家的教育重心在于培养学生的创新意识和动手能力,所奉行的是"绝不能让想象力和创造力在踏入社会前被掐死"的原则。我国在由"制造大国"转向"制造强国"的过程中,对创新思维和实践能力的需求是空前的,这需要我们多方学习和借鉴,形成具有中国特色的创新能力培养体系。

二、注重社会实践和现场教学

关于实践的德育价值,比较有代表性的理论主要有:苏联教育家马卡连柯认为,要在劳动中潜移默化地培养学生热爱劳动、团结互助的精神和良好的道德品质,不仅可以在劳动中强健他们的体魄,淬炼坚韧的品格,而且可以在劳动中培养他们的智力;美国实用主义教育家杜威认为,对学生开展思想政治教育,要想达到教育的目的,不能只是传授思想道德理论知识本身,而应更多地组织社会实践,让学生在实践中改变心理、思想、性格等。

在国内高校,许多高校的实践课程质量并不尽如人意。在国外高校,社会实践活动种类更丰富,形式也更多种多样,不只局限在课堂上,更多地是真正面向社会。例如,美国的社会实践活动是在高校和社会资助下组织起来的承担一定的社会责任的实践项目,有的州专门通过法案支持甚至明确规定学生必须参加这类活动才能毕业。其中有一个影响广泛的合作计划——"卡迪拉克计划",是指高校与公司、非营利机构、政府机关合作,让在读大学生定期到机构中参加一定阶段的工作实践。这一计划已经在美国700余所院校中开展,参加的学生专业类型广泛,其最大的优点是学生可以在工作实践中检验所学到的理论知识。法国的综合实践课以项目研究的形式开展,即在一个大的主题下,学生分组后选择小的课题,进行探索性研究。

日本政府颁布制度,明确要求大学生必须参加社会实践才能毕业。德国工科院校规定学生参加实践或实习的时间不得少于26周,而且在同等条件下,企业会优先录取有社会实践经历的学生。此外,德国职业学院的"双元制"办学模式独具特色,高校实行工读交替、工学结合,由学院负责文化课和技术理论课教育,企业则负责实习和技术操作培训。英国的高校非常重视学生爱好和特长的培养,开设了名目繁多的课外俱乐部。有些俱乐部甚至是高校与一些社会组织共同创建的,高校鼓励学生积极参加俱乐部的各种活动,且每周有固定的时间作为课外活动时间。

国外高校社会实践和现场教学开展的动力主要有以下两点:

一是政府支持,当前科技进步和经济发展对学生的素质和能力提出了更高的要求,因而培养学生具备参与社会经济活动的能力成为国外高校教育的重要内容。

二是社会支持,美国企业界特别是实力雄厚的大企业非常重视与高校在技术创新方面的合作,这种"产学研合作"教育的模式可使企业获得源源不竭的智力源泉,更为学生积累社会实践经验创造了契机。相比国内很多高校的参观式实习和走马观花式的社会实践,国外高校则要求学生真正地投入社会,让学生尽早地认识社会、认识自我,从而增强社会责任感和自我价值感。

三、强调多管齐下和全员参与

在国外，对学生进行思想政治教育不仅是学校的责任，而是善于借助多方力量，积极探索思想政治教育的多种途径。思想政治教育是一项系统而长期的工程，仅仅依靠学校的力量是很难一蹴而就，这就需要更多育人力量的加入，如家庭、社区、社会、政府等，形成辐射全社会的教育网，促进思想政治教育社会化、综合化和系统化。

美国耶鲁大学是一所研究型大学，它要求所有的教授不管是年轻的还是资深的，是诺贝尔奖得主还是普利策奖得主，都有义务为本科生上课。加拿大奥兹农学院十分强调专业教师的敬业精神和人格力量在道德教育中的作用。德国和法国的高校都非常注重教师品德对学生的影响作用，要求道德教育必须贯穿每个教师的所有教育活动，对学生进行道德教育已经成为每个任课教师义不容辞的责任。因此，各高校选聘教师有一套严格规范的考核制度，不但要求其业务素质高，而且要求为人师表，必须在言论、行为、态度等方面做出榜样，成为道德的典范。英国则非常注重教学管理工作对思想政治教育的"载道作用"，如牛津大学和剑桥大学实行导师制，导师管教管学，把思想政治教育与教学管理紧密结合起来，做到寓教于学。

国外非常注重家庭的育人作用。例如，美国田纳西州法律规定，若学生连续缺课，其家长需要向当地法院缴纳50美元罚金，以示惩处。美国中学教育规定学生必须参加义务性志愿者服务，否则不能毕业，而参加较多志愿者活动的中学毕业生在高考时往往会被优先录取。在日本，社区有自发形成的"母亲读书会"，母亲们通过定期交流、"充电"，提高自身素质，提升教育孩子的能力，从而实现更好的协同育人，提高家庭教育与学校教育的一致性和衔接性。此外，日本社区还设有供社区居民参与学习或文化娱乐活动的"日本公民馆"，不仅以此为依托开展职业教育，还实施"读书日"、心理咨询、社区服务等活动，充分整合学校、政府和社会资源，产生协同育人效应。

育人力量中容易被忽视的一个角色是同龄人，包括身边的同学和朋友，而他们所营造的环境也往往会对受教育者产生潜移默化的影响，所谓"物以类聚、人以群分"便是这个道理。例如，美国耶鲁大学充分考虑到这一点，实行住宿学院制，即随机分配学院和安排住宿的模式，将不同年级、不同专业、不同背景的学生随机安排在一个宿舍，使学生在日常交流中拓展人际圈，提升环境适应能力，实现知识背景的交叉融合，拓宽知识视野，锻炼独立思考的能力。

四、注重文化育人和价值传播

现代意义上的大学起源于欧洲，一般认为现代意义上大学的发祥地是创办于1088年，素有"欧洲大学之母"之称的意大利博洛尼亚大学。因此，现代大学文化及其育人功能的形成、发展和完善同样源自西方，西方发达国家诸多世界一流大学创造了一流的大学文化。"他山之石，可以攻玉。"在完善我国大学文化育人时，有必要对西方国家一流大学的文化育人进行探究，总结其共性特征，梳理其成功经验。

西方国家十分重视文化在培育合格公民、提升民众政治素养中的重要性。例如，美国依托学校对青年群体进行以"自由、平等、博爱"为主题内容的价值观教育，引导其建立具有美国特色的核心价值体系。美国的名校也同样具备相应的文化理念。创建于1636年的哈佛大学已走过380多年的办学历程，既是美国历史上最悠久的大学，也是世界上最负盛名的大学之一。建校以来，哈佛大学坚持以其深厚的文化底蕴感染人、培养人，始终坚守"求是崇真"的办学理念，秉持一以贯之的育人思想。其办学思想在校训和校徽中体现得淋漓尽致。

哈佛大学"求是崇真"的办学理念还融入其办学治校的方方面面。学生享有非常自由的学习权利，在选课、转专业、离校等方面拥有较大的自主权，不受知识领域的禁锢，不以短期就业为目的，学校为学生创造了宽松的发展环境。哈佛大学倡导独立严谨的学术思想，倡导多元化的教学方法，鼓励学生在教师指导下自由表达自己的看法，实现自我教育。哈佛大学对学生从事学术研究有很高的要求，严禁学生实施抄袭、剽窃等不端行为，鼓励学生对所获得的知识进行批判性思考，成为具有独立思想的人。

新加坡被称为"亚洲四小龙"之一，中国的儒家思想同样对其有很大的影响，同时由于新加坡是一个多民族国家，因而增强不同民族的认同感和凝聚力是其进行文化教育的重点，最具代表性的是"共同价值观"教育的推广。另外，新加坡严格的法规也为文化教育实施提供了重要保障。

诚然，各国因具体国情的差异，在弘扬校园文化的过程中必然会存在着多元化和差异性，但国外专家学者关于文化教育方面的研究和探讨可以为我国高校文化育人提供有益经验借鉴。

五、创新管理方式和教育手段

高校学生管理是高校管理系统的重要组成部分，在高校教育改革和发展中占有极为重要的地位，在高校管理研究中具有重要意义。

（一）欧洲高校的学生管理模式

由于宗教影响以及私立院校的快速发展，欧洲高校形成了比较鲜明的三种高校模式——城市大学模式、社区大学模式以及专才培养模式。城市大学模式以英国剑桥大学、牛津大学为代表，其主要特点是：学校、学院、系呈现相对独立且相互依存的三角式架构，学校只是泛称的概念，社会化和开放化程度很高；精英教育，严格管理，学术精湛；学院以学生为本，学生以学院为家，学生对学院的认同感和归属感强；学生管理实行导师制，教师和学生交流密切。

社区大学模式以荷兰阿姆斯特丹自由大学为代表，学生主要来源于社区，也服务于社区，与当地的社会、经济关系密切，其主要特点是注重人才的培养和教学质量，强调诚信素质的培养；学生事务管理精简高效，学生积极参与勤工助学。专才培养模式以法国巴黎中央理工大学为代表，其主要特点是学生社团活跃，自主创新能力强，学生社团协调和安排学生管理工作；国际交流密切，开放性和国际化程度高；学生培养面向社会需求，学校与许多大公司联系紧密。

（二）美国高校的学生管理模式

美国高校教育管理体制具有如下特点：属级管理层次少，管理自主权大，社会监督力度及高校竞争力度大。美国的高等教育管理实行地方分权，高校要接受社会监督，选举各界人士和学生家长代表组成社区教育委员会。例如，哈佛大学在教师聘任管理制度方面，坚持以最优秀的师资培养最优秀的学生。在聘任教师方面，哈佛大学遵循四条重要原则：坚持"非升即走"原则，坚持"用人唯贤"原则，坚持"评价导向"原则，坚持"注重实践"原则。

在教学管理方面，哈佛大学建立了一整套体现科学性和时代性的教学管理制度，鼓励引导教师因材施教，充分挖掘学生潜能。在学生管理制度方面，哈佛大学一直实行独具特色的本科生寄宿制和导师制。耶鲁大学在美国最早建立了"教授民主治校制度"，体现了其对学术自治和学术自由的执着追求。美国著名高等教育学家克拉克·克尔曾指出："在美国，最先将权力转让给教授的一所著名大学就是耶鲁大学。"在教学管理制度方面，耶鲁大学的目标是：吸引和培养一流的师生，以及保持图书收藏和其他研究资源的优势。耶鲁大学坚持夯实本科教育的基础，把最优质的资源优先配置给本科生，切实保证本科生的培养质量。

（三）日本和澳大利亚高校的学生管理模式

日本的现代教育发端于明治维新时期，第二次世界大战结束前其高等教育濡染了浓厚的国家主义色彩，第二次世界大战后引入美国教育模式，重构日本教育理念、教育结构和教育内容。自20世纪90年代至今，为适应国际化、信息化要求，日本以建立终身学习社会为目标，进一步推动教育改革。现代日本已经基本形成大众教育和终身教育下的、研究高度化、多样化和组织运营活性化的战略教育思想，其学生管理体制日益走向专业化、开放化和人性化。

澳大利亚经过多次改革，将高校的管理机构变为校务评议会或理事会，由校长主持。校务评议会是实际管理机构，负责学生的学习，做出管理决策，确定学生福利；副校长是实权领导，负责学生管理及学术管理；院系内有高级辅导员或辅导教员、行政管理人员及后勤服务人员，形成一整套学生管理班子，教学、学术及管理基本一体化。如今，澳大利亚为了提升国际地位，在学生管理制度上逐渐引入了市场与政府因素，其学生管理也逐渐走向国际化。

六、国外高校的典型做法

（一）英国高校的典型做法

英国的高等教育以800多年的历史、优异的质量和严谨的管理吸引着世界各国的学生、学者前往学习和交流，在长期的发展过程中，其相应的学生管理工作形成了自己的传统和风格。

一是为学生提供一站式服务。高校设有学生服务中心，凡是与学生有关的绝大部分事务都能在这里得到解决。不同的高校，其学生服务中心的形式不一样，部分高校设有集中的办公大厅，为学生免费提供服务。各高校为学生提供服务的内容在网站上一目了然，学生在相关职能部门的门口也可以看到相关信息。

二是为学生安排全责导师。在英国高校，学生一入学，学校就会指定一名 Tutor（导师），整个大学期间对其提供全程的帮助与指导。所有的专业教师（包括诺贝尔奖得主、院士等）必须担任导师，每位导师所负责的学生覆盖各个年级。导师对学生负全责，每周安排固定的时间与学生见面，学生可以预约或直接上门询问。导师无须考核，也没有报酬。担任导师是每一名教师应尽的义务。这一方法体现了全员育人和全过程育人的思想。

三是让学生了解教师的最新研究成果。学校把培养最优秀的学生作为第一要务，教师做好科研的目的是更好地培养学生，要让学生及时了解教师最新的科研成果。这一思想体现了科研育人的理念。

四是让学生参与学校管理。受社会文化的影响，英国高校的大学生具有很强的独立意识。英国高校中设有很多委员会，除学术委员会外，几乎每一个委员会都有学生代表参加，其开展的各方面工作都十分注重听取学生的意见。这体现的是全方位育人的理念，通过转换学生角色，让学生体验不一样的身份，从而受到多层次、多角度的教育。

五是为学生举办终生难忘的毕业典礼。毕业典礼是学校对学生重视程度的集中体现，校长为每一名毕业生颁发证书，可以让学生产生强烈的荣誉感和自豪感。

（二）美国高校的典型做法

美国作为西方德育的发祥地，其德育工作具有以下几个特点：对教育对象的认识具有平等性，教育理论构建中注重学科整合，教育实施中注重实践性和理论性相结合等。

美国高校德育的实现途径主要包括以下几个方面：

一是开设专门的德育课程。目前美国大多数高校已经开设了独具特色的通识教育课程，其课程内容一般包括美国宪法、欧洲政治思想、西方文明史、美国现代文明、美国历史、美国总统制、美国民主问题、美国政治生活等。例如，麻省理工学院在2008年为大学生提供了102门涉及音乐、美术、舞蹈、戏剧的艺术选修课程，哈佛大学自1982年开始明确要求艺术类课程在本科课程总数中所占比例不得不少1/4。

二是注重通过专业课程教学开展高校德育工作。美国大多数高校并没有实施公开灌输的教育方式，而是通过学科课堂教学进行隐蔽式、渗透式的德育。例如，美国高校在商学院普遍设置商业伦理学，在行政管理学院开设行政伦理学，在医学院开设医学伦理学等。在学科专业课程中进行渗透式德育，让学生在进行专业课学习的同时，主动思考与专业相关的伦理道德问题。

三是注重通过心理健康咨询开展高校德育工作。目前，心理学课程已经成为很多美国高校的必修课程，如哈佛大学、加利福尼亚大学、麻省理工学院等美国著名大学已经将心理学列为本科生必修课，以此引导和帮助学生消除心理困惑、排除心理问题、增强心理素质。提高学生心理应对能力、促进学生在心理上和生理上的成熟，对于学生健康成长和健全人格具有非常重要的作用。

四是注重整合社会资源以强化高校道德教育效果。美国非常注重整合社会和家庭德育资源，通过加强家庭教育、营造良好社会氛围来强化高校德育效果。为此，美国高校大都设立了家长联合会，定期交流学生情况，同时注重利用电影、电视、网络媒体、报纸等大众传媒宣传美国价值观。

五是注重社会实践教育以增强学生的道德认识。美国高校都非常重视开展社会实践教育，通过实践环节将德育有机结合起来，积极引导学生参加各种社会实践，进而在实践中培养学生的道德情感，增强学生的道德认识，最终提高他们的责任感。高校组织学生访问儿童保育院、教养机构和精神病院等，组织学生参加帮助流浪者、吸毒者等的活动，举行为老年人、残疾人等弱势群体志愿服务的活动……通过丰富多彩的社会实践活动来培养学生的协作精神和社会责任感，实现知与行的统一。

国外高校育人经验对我国高校育人工作具有重要的借鉴意义。人才的成长有其规律性和适用性，每个国家的教育教学制度、体制机制都应遵循科学规律，同时适应现实国情。高校必须树立科学发展的观念，促进德育、智育、体育、美育、劳育"五位一体"的有机融合，充分遵循受教育者个体的成长规律，建立科学高效的管理体制和服务机制，这是实现育人工作科学发展上的关键问题。

第二章 文化育人的理论基础

第一节 文化育人的内涵

所谓文化育人,即以文育人、以文化人。文化育人遵循思想政治教育规律和大学生成长规律,以文化价值渗透的方式,将先进文化的价值渗透到人的灵魂深处,使之内化于心、外化于行,从而实现文而化之的目的,促进人的全面发展。它强调重视人文教育、隐性教育,注重精神成长、思想提升,主张潜移默化、润物无声,长久地、默默地、逐渐地感染人、影响人、转化人,通过浸润式的教育实现春风化雨般的效果。文化育人不是单一的概念,其有着丰富的内涵,在正确理解文化育人内涵之前需要思考"以什么文化育人""怎样文化育人"和"培养什么样的人",由此可以得出三个层面的文化育人内涵。

一、以社会主义先进文化育人

文化育人有着鲜明的价值取向,只有先进文化才能产生积极影响。

中国特色社会主义先进文化代表着我国社会文化发展的方向,是推进高校校园文化建设的主导力量,应坚持社会主义先进文化,发挥文化培育人、塑造人的作用。当下,我国社会正处于发展与变革期,文化呈现出一元主导与多元发展的格局。中国特色社会主义文化事业正在蓬勃发展,"百花齐放"的局面为高校校园文化育人功能发挥提供了丰厚的文化滋养。然而,在改革开放的进程中,西方文化、大众文化、商业文化等社会非主流文化也慢慢渗透进我国社会中,占据了一定的空间。

当这些在社会中形成的不同价值观以及多种多样的社会思潮涌入高校后,小部分师生的价值观念会受到影响。动摇对主流文化的认同,从而影响高校校园文化育人作用的发挥。大学生正处于成长发展的特殊时期,该群体思想活跃,容易接受新鲜事物,但还没有形成稳定的价值观,极有可能受到社会文化中一些错误观点的影响,产生功利主义、享乐主义和利己主义思想，不利于大学生自身发展，也会对校园文化整体氛围产生不好的影响。

这就要求高校必须加强校园文化建设，以中国特色社会主义先进文化为底蕴，加强党的理论教育，开展红色文化、传统文化、学校特色文化等相关主题教育，坚持文化自信，巩固社会主义先进文化在高校校园文化中的主导地位。高校校园文化只有始终保持自身的文化先进性，才能在培养人、塑造人、影响人上取得成效，只有不断加强高校校园文化建设，才能有效发挥高校校园文化的育人功能。

二、以发展变化的角度育人

文化育人不仅是文化成果，同时是以文化人的过程。在文化育人过程中，应坚持发展的眼光和变化的角度。发展变化中的文化重在以文化育人的过程和人在实践中向文而化的过程，两个过程在育人中同时存在，相辅相成。文化育人是通过文化的外在给予和内在生成方式来化育每一个个体，引导其向文而化，进而促进人的提升与完善。在高校文化育人的过程中，应重视每一名师生在潜移默化的过程中发生的变化，尤其是在主流文化的浸润中思想状态的变化，加强追踪观察。

文化育人同时强调促进人的知行统一，发挥文化生活实践的养成作用。它是将人类已经发展起来的先进文化成果转化为个体内在的本质力量、促进人的精神生活全面发展的过程。从根本上讲，该过程是人在文化价值认知基础上实现知行统一的过程。无论是人对文化的价值认知，还是由认知促成的文化行为，都离不开人的文化生活实践。因此，只有充分发挥文化生活实践的养成作用，促进人在渐进的文化过程中实现知行统一，才能真正实现在文化的过程中育人，真正体现出在文化的外在给予和内在生成过程中育人的价值。

三、培养合格的时代新人

培养时代新人要求培育大学生坚定的理想信念、创新意识与社会责任感，通过高校校园文化引导大学生形成责任意识与使命自觉，为实现中华民族伟大复兴而提升自身能力，助力中国发展。将培育时代新人的要求贯穿于文化育人功能发挥的全过程，是新时代高校校园文化育人功能发挥的目标规定。新时代高校校园文化育人要引导大学生将实现社会价值与个人的成长成才相结合，培养具备使命担当与责任意识、创新精神与风险意识的新时代大学生。

同时，高校校园文化育人又要满足新时代社会发展需要和学生的发展需求。高校校园文化育人的主体是大学生，大学生发挥主动性，形成文化自觉，是这一过程的关键环节。文化育人的目标必须在培养社会主义建设者和接班人的前提下，兼顾大学生作为教育主体的精神需求和个性发展。高校校园文化育人要广泛开展以爱国主义精神为核心的与中华民族伟大复兴相关的主题教育活动，在大学精神锤炼的过程中融入使命担当与责任意识的内容，使大学生在校园文化的熏陶感染下提升自身的思想境界，自觉投身于中国特色社会主义现代化建设事业。将大学生个人的成长与发展置于新时代背景之下，以新时代我国社会对高校人才培养的需求为依托，充分考虑大学生作为主体的个体需求，是新时代高校校园文化育人功能发挥的必然要求。

第二节　文化育人的背景及研究现状

一、我国高校文化育人的背景

（一）建设社会主义核心价值体系对高校文化育人提出新要求

2006年10月，党的十六届六中全会通过了《中共中央关于构建社会主义和谐社会若干重大问题的决定》，指出构建和谐文化是构建社会主义和谐社会的重要任务，社会主义核心价值体系是构建和谐文化的根本。由此可见，社会主义核心价值体系在社会主义文化建设中的重要地位和作用。高校文化建设属于社会主义文化建设的一部分，建设社会主义核心价值体系是现阶段高校文化建设的根本目标。它的实现需要发挥校园文化对学生思想观念、价值认同等方面的导向凝聚作用，使其在潜移默化中形成对社会主义核心价值体系的认同。

党的十八大提出，倡导积极培育和践行社会主义核心价值观。其中，国家层面的价值目标是富强、民主、文明、和谐；社会层面的价值取向是自由、平等、公正、法治；公民个人层面的价值准则是爱国、敬业、诚信、友善。2013年12月，中共中央办公厅印发了《关于培育和践行社会主义核心价值观的意见》，明确提出，以"三个倡导"为基本内容的社会主义核心价值观与中国特色社会主义发展要求相契合，与中华优秀传统文化和人类文明优秀成果相承接，是党凝聚全党全社会价值共识做出的重要论断。高等教育要以立德树人作为根本任务，高校的文化育人工作要努力培养和践行社会主义核心价值观，在对全体师生的教育教学和管理服务的各个环节中，坚持育人为本、德育为先。

（二）建设文化强国对高校文化育人提出新要求

党的十九大提出："文化是一个国家、一个民族的灵魂。文化兴国运兴，文化强民族强。没有高度的文化自信，没有文化的繁荣兴盛，就没有中华民族伟大复兴。要坚持中国特色社会主义文化发展道路，激发全民族文化创新创造活力，建设社会主义文化强国。"文化强国的重要任务是要大力推进社会主义文化的大发展大繁荣，文化强国的重要标志是拥有世界一流的文化创造力、文化辐射力、文化传播的吸引力和中国文化的影响力，但关键还是要培养一大批优秀的文化人才，同时要提高全民族的文化素质，在文化强国的进程中做出应有的贡献。

高校的发展与社会的发展息息相关，在推进文化强国事业中有着重要的作用，因为高校是知识和人才的聚集地,肩负着继承、发展、传播传统文化的重要使命。高校要高度重视文化的育人作用,将传统文化贯穿于高校教育教学全过程;要创新文化育人理念,积极打造体现校园特色的文化品牌;要培养学生的创新意识,鼓励学生创造出富有内涵、影响力、深远的文化产品;要利用对外文化交流的渠道,加强与其他国家高校的文化育人工作者交流。中华五千年的文化史可以为中华民族的繁荣发展提供不竭的动力,这也是新时期我国实现文化强国的动力所在。因此,高校应利用其优势,通过培养优秀的文化人才,创造具有中国特色的文化产业,为实现文化强国贡献自己的力量。

二、我国高校文化育人的研究现状

关于文化育人的概念是由文化素质教育演进而来的,针对高等教育领域有知识、缺乏文化,重技术、轻人文以及高校的文化缺失和文化衰退等现象,专家学者进行了一系列探索,提出要实施文化素质教育,从知识育人转向文化育人等。他们对文化育人的研究主要集中在文化育人的内涵、文化素质教育、校园文化建设、思想政治教育、社会主义核心价值观、大学文化、育人功能等几个方面。

2011年4月,在清华大学建校100周年大会上,胡锦涛同志指出高等教育是优秀文化传承的重要载体和思想文化创新的重要源泉,随后文化育人逐渐成为研究重点。对文化育人的研究主要集中在高校,较为突出的是职业院校,其希望通过文化育人这一方式,提高学生的综合文化素质和职业技术素质,以达到更好地符合国家要求的育人目标。目前,学术界对高校文化育人的研究可集中归纳为三类:第一类是高校文化育人的内涵研究,第二类是高校文化育人的实践研究,第三类是高校文化育人的模式研究。

第三节 文化育人模式的构建

一、铸就大学精神,构建精神育人机制

所谓大学精神,就是大学在其存在与发展过程中孕育积淀而成的,浓缩了数代大学人的独特品质和理想追求,赋予大学这一组织以独特的魅力和个性特征的传统、理念、气质。大学精神需要一个漫长的历史运行过程才能形成,它具有相对的稳定性,属于我国传统文化的重要组成部分。

(一)铸就大学精神,需要对现代大学进行准确定位

大学精神的下降或丧失与模糊和混淆的大学性质息息相关。在各种功利性和实用性需求的影响下,适应社会变革过程的现代大学已经发展成为一个巨型多元化的大学,大学的自由精神、超越精神、人文精神和批判精神逐渐丧失。因此,铸就大学精神,需要我们对

现代大学进行精准定位。

(二) 铸就大学精神，需要坚守大学的精神传统

大学精神是人类精神的历史传统，无论是西方大学还是中国大学都对大学精神有所贡献，更是一个整体的相互补充，在文化变革的浪潮中延续和保留传统的大学精神至关重要。因此，铸就大学精神，需要我们坚守大学的精神传统。

(三) 铸就大学精神，需要注入时代精神的质素

涂又光先生曾说过："大学既要有'出世精神'，又要有'入世精神'。"大学的"出世精神"可以理解为大学具有的人文关怀精神、理想主义精神及超越精神，大学的"入世精神"就是大学的现实精神和与时俱进的变革精神。大学是一定社会历史条件下的产物，与社会的转型和时代的变迁有着紧密的联系。大学精神注入时代精神的质素，就是要赋予大学与时俱进的变革精神。

二、优化大学环境，构建环境育人机制

大学有什么样的文化环境和氛围，就能培育出什么样的人才。大学的自然环境本质上是一种人化的自然，布局合理、清洁优美、舒适宜人的自然环境以自己的特殊方式展示着大学建设者和管理者的文化理解和审美层次，体现着大学精神，给人以精神的熏陶和美的享受。大学的人文氛围更加直接地承载着大学的文化育人功能，对大学生的思想政治、知识视野、理想信念、道德情操、生活方式和行为方式等发挥着重大的影响和作用，体现着大学管理中自觉和积极的方面。校园里的花草树木、雕像、各种建筑物等都渗透出浓浓的校园自身的文化氛围，这些人文景观并不是一种简单的摆设、无意的安置，而是通过物质的形式赋予了特定的文化内涵，塑造了一个学校文化发展的历史、传统、精神等。

大学文化依赖于传统文化而产生，它是在长期的历史办学过程中和社会、自然环境双重影响下所积淀的大学人所共有的价值取向、行为规范、思维模式和行为方式。通过教育活动和校园各类活动，大学文化在一批批学子和教师之间发展延续，在学校被物化了的雕塑、环境建筑以及历史名人等中得以表达和强化。作为校园文化主体的大学生，由于正处于人生发展的关键期，其行为方式、思维模式、行为规范和价值观等都受到校园文化的影响。

营造良好的校园文化环境，主要应抓好以下三个方面。

(一) 建设高品位校园物质文化

校园物质文化作为一种物质的客观存在，能被生活在当中的人们直接感触到，这种被物化了的设计包含创建者和设计者的审美观和价值观，其特点是直接形象，且具有持久性。它包括校园的地理位置、地形风貌等自然环境和校园的各种建筑，以及校园里的道路、草地、雕塑、花园等硬件设施。将育人理念融入自然环境中，可对学生的个性塑造、习惯养成、思想品德、人文素养等方面起到熏陶、感染、激励和润物无声的效果。大学中的教学楼、图书馆、文化和体育运动设施等都是以物化的方式所存在的，这些被物化的设

备设施都直接影响着学生。因此,健康有序、富有特色、清洁大方的校园环境对学生的成长及人格的形成发挥着重要的作用。

(二)建设高品位校园制度文化

校园制度文化指学校的各种规章制度和组织机构,具有强制性、规范性、组织性。制度文化的形成对学生价值观念的形成和良好品格的培养起着至关重要的作用,它一旦得到高校成员的认可,便会形成一种强大无形的、无须强制执行就可以在师生中代代传承的精神文化传统。素质教育的特征和内涵要在学校的规章制度中有所体现,这样才能保证素质教育的制度化。

(三)营造高品位校园精神文化

大学校园的安全性、舒适性以及颇具情趣的人文环境都能提升学生对新环境的适应力,减少学生从一个熟悉的环境到陌生环境的恐慌与不安,使学生能尽快地接受新环境,保持身心健康发展,形成一种对学校的归属感。大学校园应倡导自由的学术氛围,教师与学生之间能平等地交流、民主地讨论,这是培养创新人才、迸发创新思想火花的必要条件,可以为创新人才的出现提供广阔的空间。大学要对失败宽容,让学生在大方向正确的基础上敢于承担风险,使每一位学生的创造力得到充分发挥。大学要做到兼容并包,要具有开放性,给学生创设接受多元文化和先进文化的条件,推陈出新,使学生的个性塑造和文化品质都有所提升。

第四节 文化育人功能与成效

一、文化育人功能的体现

深入探析新时代高校文化育人功能的发挥对于把握校园文化育人规律、强化校园文化育人效果具有重要意义,新时代高校文化育人主要包括凝聚校园精神、规范师生行为、激发校园潜能三个功能。

高校校园是各种精神汇聚的"有力磁场",校园的文化氛围特别是共同的思想观念、行为准则可激发各方主体对学校发展理念和办学目标的认同感,从而形成强大的向心作用,凝聚师生的精神力量。文化育人的过程是通过共同的精神将分散的个体整合起来,大学精神是大学之魂,是高校凝聚力的不竭动力。无论是教师、学生,还是管理人员、后勤人员,在精神的感召下会将学校的文化理念和价值标准刻成自己的标签,使学生在校园的任何角落都能感受到校园文化所带来的独特魅力,并内化为自身的特质。高校作为社会重要的思想与知识殿堂,一直以来都是社会前进的灯塔,如80多年前的国立西南联合大学,虽颠沛流离仍弦歌不辍,舍我其谁的家国精神和坚韧不拔的学术品质亦是这个时代所有大学的典范。

不仅师生自身受高校校园文化的感染熏陶和教育，而且他们的价值观念、思想道德、行为规范、处事方式和实践作风也都受到校园文化的规范和约束。这是高校在长期发展历程中沉淀形成的制度文化、规章典范以及共同认同的道德规范和行为标准。健全的规章制度及在此基础上形成的高校制度文化是规范大学生行为的保障，有助于促进大学生的自我教育，实现"入芝兰之室，久而不闻其香"的效果。

高校文化育人还具有有效的激励功能，把外在刺激和内在需求结合起来，无论是物质文化、行为文化这类有形文化，还是制度文化、精神文化这类无形文化，只要被广大师生认可和接受，让师生自觉恪守和弘扬，就能激励全体师生保持积极向上的精神和行为。同时，高校文化在物质化展现的过程中，通过人文景观、校园塑造、各类展示墙等从视觉甚至灵魂上对大学生产生冲击和激励，使得置身于这种文化环境中的师生能够不断获取前进的动力。

二、文化育人取得的成效

随着国家在社会和经济等方面的不断发展，对于文化的关注度越来越高，高校的文化育人方式随之不断变革。丰富多彩的文化生活使得文化育人的理念在高校得到了进一步的深化，也使高校文化育人初见成效。

（一）进一步深化文化育人理念与实践

高校文化是学校精神、学风校训、教学思路和办学理念的集中反映。当前，文化育人的建设越来越得到高校的普遍重视。许多高校通过开展校园文化活动来增强学校行为准则宣传和教育的力度，实现高校师生及其他成员遵守行为规范、加强道德修养的目的，在此基础上凝练成各具特色的文化育人理念。

在高校普遍重视的情况下，各高校对开展的文化育人活动采取支持鼓励的态度，文化育人的活动方式也在不断创新，同时对文化育人的资金支持不断增加，部分高校设有文化育人专项经费。各高校积极开展接地气的文化育人活动，不仅数量有所增加，而且质量在不断提高，加强原创文化的影响力，重视高校原创文化的建设。独具特色的高校原创文化丰富了文化育人的内容，也提高了文化育人的实施效果。一系列实践带给大学生的影响不仅是外在行为模式的改变，也是内在人格修养的提升，具有持久深远的影响。

（二）文化育人成为思想政治教育的重要手段

在高校培养人才的过程中，文化育人不仅是一种教育理论，更是高校进行思想政治教育的有力方法和有效手段。2016年12月召开的全国高校思想政治工作会议强调，在思想政治教育中要更加注重以文化人、以文育人方法的应用，进一步推动高校思想政治教育中以文化人、以文育人的实施。

文化育人发挥引领和导向功能，用优秀文化和社会新风尚熏陶和滋养大学生，为大学生的思想行为提供方向和可供参考的方式，引导大学生作出正确的价值判断和行为选择。

高校的文化价值是高校的精神和灵魂,高校注重文化对大学生价值观以及思想道德素质的影响,就是在通过高校文化向大学生传播高校的内在价值,达到高校教育立德树人的目的。

高校文化育人是把文化育人融入高校思想政治教育的体系中,同时在文化育人过程中渗透着思想政治教育的方方面面。所以,文化育人的一些概念或者方式方法的创新同样会影响参与其中的思想政治教育活动,促进思想政治教育概念的不断丰富和方式方法的创新。从这一角度来说,高校文化的发展促进了高校思想政治教育的发展,文化育人已经成为高校思想政治教育的重要手段。

(三) 高校文化育人基础条件的提升

高校校园物质文化是所有以实物表现的文化形态的总称,校园的各种物质实体,如教学楼、学生公寓、园林绿化和文体场所等,还有其他一些硬件设施都可以称为高校校园物质文化。与物质文化相对应,高校校园精神文化的物质载体往往是校园里能够实时触摸到的建筑和硬件设施等,校园物质文化作为精神文化的体现途径和载体平台,直接影响着高校文化育人的效果。改革开放以来,随着我国经济的飞速发展,高校物质文化不断丰富,各大高校对于物质文化环境的投入比例增大,加强了校园设施建设的整体规划。师生在风景优美、人文气息浓厚的环境中学习和工作,感受校园环境文化带来的文化底蕴,有助于文化育人的积极开展。

高校校园精神文化经过代代传承、内化升华而成,影响着全体学生和教职工的人生观、价值观及行为举止。校园精神文化无处不在、无时不在,它是高校的精神支柱,影响和启发着每一名师生。例如,每一所高校都有属于自己的校训,校训体现的是这所高校的校园精神,体现着这所高校的办学特色和治学方向。与此同时,高校的学术文化氛围和声誉影响着学生进入社会后的资源获取。在校园内每开展一次校园文化活动,便是对校园精神的一次继承、传播和弘扬,同时进一步形成新的文化理念,不断促进校园文化的传承和进步,这将有力促进高校文化自信的形成。

第五节 高校文化育人的基本方法与体系

一、课程体系建设整体架构的重构

就学校而言,进行课程体系开发与建设首先应基于学校的教育哲学。学校独特的教育哲学思想和办学理念,是形成特色课程的第一步。由课程体系建设的方向定位学校的培养目标。因此,首先应该清晰理解学校的办学理念和育人目标。然后在此基础上确立现阶段工作着力点:围绕学校办学理念和育人目标,构建适合学生发展的课程体系,整体推进三级课程建设，促进学校发展。

课程体系建设的指导思想是科学、实践、开放。科学，即体系的建设要符合学生成长的规律和学科发展规律，要循序渐进；实践，即关注学生在亲身参与中获得积极的体验；开放，即关注课程内容的开放和学习空间的开放，最大限度地利用好社会资源，将学生的学习空间由教室内扩展到教室外。

（一）学校校本课程的框架设想

因为学生之间的个性差异比较大，为满足不同层次学生的需求，关注每一位学生身心健康和自我完善，学校可以对三级课程进行重构，即构建基础型课程、拓展型课程、特长型课程。

构建课程体系并不是国家课程、地方课程和现有校本课程的简单叠加，而是一个有各自目标、各自功能的有机整合。在国家课程"科学""研究性学习"中学习科学知识、研究方法，培养对科学的兴趣；在地方课程富有情趣的活动中，体验科学活动的过程与研究方法；在校本课程的拓展中，引领学生学习与周围世界相关的科学知识，帮助学生养成探究科学的习惯。

（二）课程建设的实践

1. 做"实"基础型课程

关注国家课程校本化实施，体现学科育人功能。国家课程是国家教育行政部门规定的统一课程，它体现了国家对学生素质的基本要求，是国家意志的体现。

第一，在完成国家课程（学科）的基础上，适当嵌入地方课程和校本课程内容，实现国家课程的有效延展。对国家课程进行二次开发，使之更符合学生、学校的特点和需要，减去重复学习的时间，提高学习效率。

第二，关注一个学科内部课程资源的有机整合，最大限度地落实课程目标。教师作为课程的实施者和建设者，为了更好地落实课程目标，应该具有合理整合课程资源的权利、义务和能力。因此，学校依据课程目标、教材特点、学生基础，在一个学科内部进行课程资源的有效整合，提高实施效益，最大限度地落实课程目标。学科内部的整合关注学生学习基础，保证整合的计划性与序列性；以教材内容为蓝本，找准整合点，有机地整合拓展，提高实效；深入研究常态课堂，明确改革思路，以高质量的常态课程保障整合效果。

2. 做"精"拓展型课程

提高学生综合素质，彰显学校特色的拓展型课程是在国家课程的基础上，依据学校办学理念和培养目标以及学生实际需求拓展、延伸、补充而开发的校本课程，面向全体学生，是彰显学校办学特色重要的载体。

拓展型课程的系统化和多元化，丰富了学生的学习经验，延伸了学生的学习空间，开阔了学生的视野。学校通过课题引领、项目开发、专家指导、教师推进和研修改进等致力于开发和实施学校学科拓展型课程。

（1）开发学科拓展型课程并形成体系。学校在国家课程的基础上，进行二次开发，构建拓展型校本课程体系。

（2）开发综合实践类课程，形成品牌课程。综合实践类课程是在综合实践课程基础上开发实施的，课程不以掌握某一类知识为目的，而是强调对学生综合素质的培养。课程主要包含以下两个方面：一是基于问题的研究性学习，依托主题研究，学生在教师指导下发现问题、研究问题、解决问题，初步了解研究的过程，培养学生的问题意识和研究意识；二是社会实践活动，实践活动注重学生的体验，让学生在参与、经历过程中获得丰富的情感体验，形成积极的生活态度，养成良好的行为习惯，提高适应和参与社会的能力。

3. 做"亮"特长型课程

关注学生的个性发展，特长型课程以社团和传统兴趣活动形式开展，面向学有所长的学生，促进他们的兴趣特长。把活动课程化，可以对活动进行系统的思考和规划，通过活动落实学科课程的生活性和实践性，激发学生对课程的兴趣，促进学生的多元发展。同时通过课程提升活动的价值和意义，使活动的时间和效果得以保证，扩大育人的实施效力。

（三）保障措施

1. 组织保障

为了确保课程建设的各项工作顺利进行，学校成立以校长为第一负责人的学校课程建设领导小组。负责对学校新课程实施做出正确的决策和部署，把握课程实施工作的方向，协调实施工作中的各种关系，确保学校课程建设人力、物力、财力的各种基本保障。

2. 政策和制度保障

对参与课程实施有突出贡献的教师，在确定教师工作量、职称评定、聘任、评优、评先等方面给予优先考虑，为课程实施提供充分的支持。学校在管理和指导课程改革实施中建立相关制度，用制度来规范操作，用制度来加强管理。如行政例会制度、教学研讨制度、教师培训制度、评比奖励制度和家校协作制度等。

3. 经费保障

设立课程实施专项经费，每年拨付相应的款项用于课程实施的有关活动，确保经费落实，努力满足课程对教学设施和办学条件提出的要求，为课程实施的顺利进行提供必要的物质支持。

4. 专业指导

学校将充分利用北京市各级教育教研机构，如北京师范大学等高校教育资源，形成专业的课程建设咨询指导队伍。

5. 舆论导向

学校通过多种渠道和形式，向家长广泛、深入宣传学校课程建设以及特色课程开设的目的、意义、内容及阶段成果，努力营造有利于国家、地方，尤其是校本课程实施的良好社会氛围，争取教师、家长和社会对课程实施工作的理解和支持。

二、"走进名家名篇"校本课程策划方案

素质教育给了学生最大的学习空间。其中,广泛的课外阅读也成了学生必修课。从"大语文观"的角度来看,广泛的课外阅读是学生学习语文不可或缺的一个重要组成部分,有助于学生形成良好的道德品格和学习习惯,为学生的自身发展、终身学习奠定坚实的基础。

引导学生将知识的学习与对世界的认识统一起来,使知识的学习成为促进学生身心健康成长的过程。这种过程本身就是知识与心灵对接的过程。阅读可以丰富学生的精神世界,可以将所知所学在阅读中吸收吐纳,在阅读中加深对这个世界的认识。

(一)校本课程的原则

1. 突出全员性

学生和教师全员参与,才能使"书香校园"校本课程的开发效益得到最大的发展。教师在"书香校园"校本课程的建设中不仅是策划者、指导者,更要成为阅读的先行者、体验者,用自己的言行影响学生,把自己在阅读中的体会在教师之间交流,与学生交流。例如,借助学校的网络平台,发布推荐阅读书目,开展读书交流活动。

2. 强调指导性

读什么书,对一个人的精神成长很重要。然而,当今社会信息量大,书籍也鱼龙混杂、良莠不齐,所以不仅要创造条件引导学生好读书,更要指导学生读好书。

3. 体现课内与课外相结合

在信息化高度发展的今天,学生们已越来越不满足于通过一本书(课本)、一堂课(课堂教学)所获得的知识。因此,在现行的语文课堂教学中,要与课外阅读相结合。学校试图通过对现行教材与学生的课外阅读进行衔接和整合,从而构建课内外阅读相互沟通、相辅相成的阅读体系。努力通过课内外的贯通融合,激发学生的阅读兴趣,掌握一定的阅读方法,培养良好的阅读习惯,提高阅读能力。

4. 关注阅读的过程

阅读不仅是一个"吸收"与"吐纳"的过程,更是一个体验情感的过程。在这个过程中学生一定会有体会、体验、启发。在培养学生阅读兴趣、引导学生积极阅读的同时,可以开展各种读书交流、朗读等丰富的活动。在培养阅读兴趣的同时,关注学生阅读过程,让阅读真正成为学生的一种生活方式。

(二)校本课程的目标

(1)让学生在阅读中受到熏陶与感染,促进学生人格的发展,最大限度地激发出个人的发展潜能,并为其终生发展打下坚实的基础。优秀的文学作品中表达了人类最美好的情感,以及对美好理想的永恒追求。阅读可以潜移默化地影响学生,有助于学生形成正确的审美观、道德观和人生观。

(2) 让学生在阅读中拥有快乐，使学生的生活更加丰富。当学生全身心地投入阅读中时，他会打开全身所有的感官来捕捉、体验书中所描绘的一切语言文字，并将他们以往的经验转化成色彩、声音、动作，转化成一幅幅栩栩如生的画面，呈现于他的脑海，使他身临其境，使他感受到欢乐、痛苦、喜悦、悲伤……

(3) 让学生在阅读中积累知识、拓展眼界、开阔思维。一个人的人生经验由直接经验和间接经验构成，而人的直接经验是有限的，阅读可以弥补直接经验的不足。同时，学生在阅读中可以积累写作经验，继而通过写作来表达，很多学生之所以常觉得作文没东西可写，很大程度上是因为书读得太少。因此，"走进名家名篇"校本课程的开发，为学生创设了一个爱阅读的氛围，搭设了一个阅读交流的平台。

三、知识对接心灵的课堂文化

（一）教师对知识的把握是实现知识对接心灵的基础

教师具有的学科知识是胜任教育、教学工作的基础性知识，也是让心灵变得丰富和深刻的基础。一个教师对学科知识的认识，不仅决定着教师理解、驾驭教材的能力，还决定着教师参与课程开发的能力。更重要的是，只有教师具有丰富的学科知识，才有可能创造一个深刻和丰富的课堂，才能给学生以广博的文化浸染，让学生的心灵可以自由舒展，个性可以充分张扬。

在把握学科知识方面，教师应侧重了解知识的产生过程、知识之间的相互联系以及整个知识体系的框架，从中理解学科知识本身的思维形式和思维方法。每一门学科都不只是知识和方法的简单汇聚，每一门学科在给予我们知识和方法的同时，更以学科文化的姿态改变人类的思维方式、开阔人类的视野、丰富人类的精神世界、增进人类的本质力量。所以教师还应掌握学科所提供的独特的认识世界的视角、界限和层次，甚至包括学者、科学家身上展现出的科学精神和人格力量，这对于增强学生的精神力量和创造意识具有重要的、远超过学科知识所能提供的价值。当教师将这些融入课堂时，会使教学更有文化的味道，让教学文化传承精神、启迪生命。

（二）逻辑的教学设计是实现知识对接心灵的保障

逻辑反映的是一种思维规律。课堂教学往往蕴含着很多的逻辑，如所学知识的逻辑、学生学习的逻辑、教师教学的逻辑等。因为每一节课都是教与学的有机统一，因此强调教与学两者逻辑的统一非常有必要。学的逻辑回答的是学什么、如何学的问题，也就是要完成的学习任务及具体的学习方法。教的逻辑回答的是怎样学的问题。教与学并不是割裂的，其最终目标是一致的：使学生在学习知识的过程中感受人类智慧的力量，体验思维的快乐，增强对自然、对人类的情感，从而形成完整的人格。

教的逻辑应当与人类的基本思考方式一致。这样的教学设计不仅考虑到学生的学习过程是一个由简单到复杂、由具体到抽象的逻辑过程，而且遵循了人类的认知规律。因为人类也是首先在生活中发现一些现象，然后对这种现象进行探究并提炼观点。教师只有重视知识传授过程中的逻辑性,才能使学生在知识的内化过程中得到潜移默化的逻辑思维训练,一方面使得知识的内化更加扎实,另一方面使学生在构建自身知识结构、形成认识问题的方式和方法中,保持思维的连续性、灵活性和确定性,从而使文化的传承变得更加自觉,并不断创新、发展。

(三) 课堂是实现知识对接心灵的主要途径

作为教育教学主要阵地的课堂,是实现知识对接心灵的主渠道。知识对接心灵的课堂类型,应该是充满智慧的课堂呈现和唯美的互动学习过程,从而营造变化、灵动、诗意与富有创造性的课堂氛围。

(1) 智慧的课堂呈现。知识对接心灵的提出表明教育过程不是一个简单的知识"转运"过程,而是一个复杂的、充满活力的知识"改造"过程。对任何知识的理解、掌握总需要经历一个过程,因为过程给了学生思考梳理、用实践印证的机会。许多新的探索、新的认识也在过程之中得以重构,这就需要教师依据学生不同的认知特点,采用多种方法呈现学生学习的材料,为学生的学习创造出能够引发认知冲突和学习思考的情境,即一个能激发学生乐于参与、关注和活动的"情",并引导学生浸润于探索、思维和发现的"境"。

(2) 唯美的互动学习。知识对接心灵的课堂学习是一个以知识为载体,生命与生命间的对话过程,是在师生互动、生生互动中实现的一种生命历程。这种历程,是在教师的引导下,学生个体以自己的方式不断完善自己的认知结构,不断完善个体与世界、与他人、与自然相互关系的过程。这个过程,是尊重学生个体感受,引导学生个体在知识的学习过程中完善自己,成为最好的自己的过程。

四、迈向卓越的学校行为文化

学校应践行"以人为本"的管理思想,人本思想就是以关心人、尊重人、激励人、发展人为根本的思想。"以人为本"的思想中,"人"是多元的,既包括管理者,也包括被管理者,还包括管理的人文环境。在学校中,学校的领导、教职工、学生、家长和社区成员都会对学校人本管理的质量产生重要的影响。

(1) 教师行为文化——同心协力,和谐相处。教师行为文化作为一种职业性的群体文化,是教师文化的一部分和显性表征。作为一种显性存在的教师文化类别,不仅是教师专业化的一个重要方面,而且对学生的影响也是直接的。师德是基础,抓好师德才能促进教学工作良好开展。

(2) 以养成教育为核心的学生行为文化。学生行为文化是学生在学校活动中所表现出的特有的价值观念、思维方式、行为规范等,是良好学风、校风形成的基石,是学校文化的重要组成部分。良好的行为习惯培养是行为文化建设的一个重点。教育的核心是培养人的健康人格。任何一种良好的习惯,都必须有意识地培养才能养成,是通过训练、强化形成的。学生良好行为习惯的养成,必须依赖于一套行之有效的行为规范来作保证。

第一,强化爱国主义教育,践行社会主义核心价值观。爱国是社会主义核心价值观中社会层面内容之一。作为教师要把社会主义核心价值观融入教育、教学工作当中。

第二，加强道德规范教育，规范学生日常行为。将学生基本道德规范具体化、系列化，适应社会、时代对人的道德素质要求，充分体现德育在全面实施素质教育中的核心地位和在学校工作中的引领作用。

同一教育目标和内容在不同年龄的教育要求、方法及手段上有不同的侧重点。高年级学生的道德感逐渐转化为内部的、主动的、自觉意识到的道德体验，因此，应侧重运用"自省提升"的方法，引导学生依据一定的道德原则、规范、榜样人物，约束、规范自我，激励、提升自我。一个教育要求可以运用多种教育方法和手段的结合来实现。人的品德形成和发展要经历两种过程。一种是理性化的过程，即形成道德认识的过程。另一种是社会化的过程，即在社会交往和社会合作过程中需要扮演各种角色，处理个人与他人、个人与集体的各种关系，从中习得社会公认的道德规范。因此，在对学生进行道德规范教育的过程中，应该注重教育形式、教育方法和手段的多样化。

教师在对学生进行道德规范教育时可以采取以下几种方法：一是环境熏陶法，即教师充分利用班级文化资源，营造良好的班级环境氛围，构建和谐的人际关系，使学生的道德品质得以升华；二是榜样示范法，即通过榜样高尚的思想、模范的行为启发、感染学生；三是教育疏导法，即通过摆事实、讲道理、因势利导、循循善诱等方法，使学生形成正确的道德认知；四是评价督导法，即对学生的认知、情感、言行等方面进行总结和评价，帮助学生正确认识自己，引导学生提高、完善自我。

对学生进行道德规范教育可以提高教师的育人素养。在进行基本道德规范序列教育过程中，首先是教师的示范作用。教师更加注重自身的仪表、言行举止，深刻认识到以身作则、为人师表方能服人服心。教师应努力以高尚的情操、健康的人格塑造学生，引导学生全面发展。对学生进行道德规范教育还可以提高学生的文明道德素养。道德规范教育明确各年级的教育目标要求，教师要帮助学生们非常清楚地知道自己应达到什么样的道德规范要求，同时，形成同学之间互相监督、互相制约、自觉规范、自我约束（自律），从而养成道德好习惯。

（3）通过心理教育促进学生心理健康发展。良好的心理素质是优良的思想品德形成的基础，是有效学习科学文化知识和进行智力开发的前提，是引导学生正确交往、合作成功的重要手段，是促使学生掌握劳动技能的保证，也是促进学生身体健康的必备条件。

心理教育在各年级的要求也是不同的，应将心理健康教育全面渗透在学校教育的整个过程中。在学科教学、各项教育活动中对学生进行心理健康的教育，是心理健康教育的主要途径。对于一些有特殊需求的学生更要关注。学校成立了特需学生教研组，通过参加各级培训提高教师专业水平，促进融合教育。特需学生教研组按时活动，组织教师进行沙盘体验、案例分析，通过大型活动促进特需学生的发展，指导班主任做好特需学生心理辅导工作。

与此同时，学校可以与专业机构合作，对特需学生进行脑体综合训练，促进学生大脑认知能力、身体运动能力和沟通社交能力的发展，帮助学生获得更多健康、快乐和自信。

学生发展中心经常关注特需学生的情况,多次与学生、家长和任课教师沟通,并及时记录、梳理,共同解决特需学生的棘手问题。

(4) 组织系列主题活动,促进学生全面发展。通过这些活动结合时代特点,突破传统的育人模式,打破学科壁垒,将教育、教学进行有机整合并有效融合,更好地落实学校相关的德育纲要中的目标。

对一个人而言,优秀不是一种行为而应是一种习惯;对一所学校而言,优秀不是一时一事的展现,而是一种风气、一种精神,也是一种文化。学校行为文化的实践,致力于研究提高其效率的途径和方法,并内化为师生的理念信仰和行为准则,达到文化层面沉淀的过程。以学生养成教育为核心的学生行为文化,都是在努力践行学校育人理念,其最终目标是一切为了学生的发展。

第三章 "三全育人"理念下校园文化建设的特性与体系构建

高等学校是发展中国特色社会主义先进文化的重要阵地、示范区和辐射源，高校校园是人才培养的摇篮、是人才的输出地、是高素质的"人才池"，对大学生来讲，文化的力量特别体现在校园里，高校的文化育人基本内涵就是通过校园文化"促进人的全面、自由、充分、和谐、健康的发展"，可以说，高校校园文化是新时代文化育人的"孵化器"。

第一节 校园文化的内涵与育人功能

一、高校的属性

高校作为传承和创新文化的重要组织，在一个国家和民族的文化发展史上占有基础性地位，在新时代文化育人中依然负有义不容辞的历史重任。

（一）高校的文化属性

文化是大学的本质属性，高校校园文化作为一种重要的育人途径和手段，在新时代文化育人中发挥至关重要的作用。

1. 高校的文化性

回顾世界高等教育千年发展的历史，人才培养能力和高等教育发展水平的竞争，实质上也是大学文化传承和创新的竞争。从欧洲中世纪大学的人文文化育人，到德国柏林大学的科学文化育人，再到美国大学的社会服务文化和创新创业文化育人，大学的文化创新直接推动着世界高等教育中心从意大利、英国、法国向德国继而向美国的转移，而世界高等教育中心的转移又促进了世界科技中心和经济中心的同向转移。很大程度上讲，高等学校本质上就是一个具有文化传承和文化创新功能的独特的文化组织，具有鲜明的文化属性，"文化"是其最本质的特征。高等学校的社会价值和意义不仅在于它的客观存在性，更在于它是一种文化形式的存在，是融知识性、公共性、专业性、教育性、传承性和创新性为一体的文化特征的集合体。

2. 高等教育的"文化化"

高等学校的教育教学过程，实质上是一个有目的、有计划的文化传承发展过程，高等学校教育的目的归根到底是促进人的社会化和"文化化"。中国的世界一流大学建设事业正处于实现"两个一百年"奋斗目标和中华民族伟大复兴的重要节点上，承载着解决中国发展重大实际问题和实现中华民族伟大复兴的历史使命，理所当然离不开文化传承、发展和创新任务的实现。

文化之于高等教育，具有前沿性、前瞻性、传承性、发展性、创新性等特点，因而，它对人的精神面貌、道德观念、行为习惯、思维方式、价值取向等的影响，也是持久而深刻的。扎根中国大地办大学的教育思想，要求必须以中华民族博大精深、源远流长的中华优秀文化、党和人民在伟大斗争中孕育的中国革命文化和社会主义先进文化，作为我国高校文化育人的安身立命之本和独特精神标识。既要以科学的理论武装人，也要以优秀的传统文化来教化人、用中国革命文化来熏陶人、用社会主义先进文化来引导人。

这既是中国特色社会主义大学文化育人的独特优势，也是办有中国特色文化底蕴和文化特质的大学、培育符合中国特色社会主义事业建设者和接班人的高素质的人才的新时代要求。具体来讲，高校文化育人，就是要发挥中华优秀传统文化、中国革命文化、社会主义先进文化、校园文化、网络文化等的积极作用，用各种文化的积极因素引导学生形成积极的、正确的世界观、人生观和价值观，提升大学生的文化素养，塑造大学生高尚的品格和健全的人格。归根结底，高校的文化育人就是以文化的正向价值为导向，通过大学文化"促进人的全面、自由、充分、和谐、健康的发展。

（二）高校的育人属性

育人是大学的核心任务，在高等院校，如何充分发挥文化的力量，助力大学生"德、智、体、美、劳"全面而健康的发展成为一项重要课题。

1. 高校的育人优势

高校是人才成长的摇篮，是传承文化薪火的讲坛，是生产文化精品的园地，是推动文化交流的场所。从育人的角度而言，高校文化发挥着重要的"孵化器"作用。校园文化对学生思维方式、心理情感、价值取向影响深远。美国著名教育家赫钦斯认为，大学的目的就是发展学生的理性，把学生培养成有学识、有智慧、德行完善的人，他说："睿智（wisdom）及至善（goodness）是高等教育的目的，不可能有其他的目的，因为睿智及至善是人类生命的终极目的。"高等学校既是文化传承的重要载体，也是育人的重要场所。

高校的育人说到底是文化育人，作为高等教育人才培养的重要内容，文化育人在增强文化传承责任意识、提升育人实效方面，发挥着关键的作用。高校校园文化是社会主义先进文化的重要组成部分，高校校园文化育人就是高校要将自身产生和保存的核心信仰、艺术、道德、知识等精神文化和制度文化传递给学生，将体现人文主义和大学精神的自由思想、民主意识、独立人格和平和心态感染给学生，也就是说要以崇高的理想引导人，以高尚的精神塑造人，以先进的文化熏陶人。

2. 文化育人在高校育人体系中的地位

教育部 2017 年 12 月 6 日发布的《高校思想政治工作质量提升工程实施纲要》明确提出要充分发挥课程、科研、实践、文化、网络、心理、管理、服务、资助、组织等方面工作的育人功能，切实构建十大育人体系。中共中央国务院印发的《关于加强和改进新形势下高校思想政治工作的意见》（31 号文件）明确将"七个育人"列入加强和改进高校思想政治工作的基本原则，即"把思想价值引领贯穿教育教学全过程和各环节，形成教书育人、科研育人、实践育人、管理育人、服务育人、文化育人、组织育人长效机制"。

其中，文化育人对大学生的成长成才有着物质性、精神性、持续性、制度性的影响和效果，与教育不可分割。所谓"教书育人、管理育人、服务育人、环境育人"，说到底都是文化育人。因此，从理论与实践上探索高校文化育人的内容、途径和方法，依据大学生成长和发展规律以及高等学校教育教学特点，对文化育人作出顶层设计，对于促进其他九大育人体系，提升育人质量，具有重大现实意义。

（三）高校文化的育人意蕴

高校文化有着深厚的思想底蕴，为大学生的全面发展提供坚强的思想基础、强大的精神力量和丰润的道德滋养，具有重要的育人价值。

1. 从大学的功能看高校文化的育人意蕴

现代大学不仅是传播知识的摇篮，其最主要的功能是人才培养、科学研究、社会服务、文化传承创新，四个方面是一个有机整体，其中，人才培养是核心，科学研究是做好人才培养工作的前提条件，人才培养是服务社会、传承和创新文化的直接表现。什么样的人才才能承担起科学研究、社会服务、文化传承创新的任务，这是高校在人才培养过程中必须深入思考的问题。大学作为知识殿堂根本上是文化的载体，大学中人是文化人，大学"育人"重点也在于文化育人，通过文化传承和文化熏染来达到培育合格人才的目的。

育人是一个复杂的过程，文化的功能是渗透式地催化心灵的完善，提升人的内在文化品格和精神境界，文化对人的思想生成的心理机制，对人的主体行为，对人的价值取向，都具有独特的影响力，因此，推进高等教育现代化进程，必须创新大学生人文素质、思想观念、价值取向的培养，用文化中所包含的思想、价值、伦理、观念、格调、情怀等深化大学生思想教育和文化养成教育。

2. 从高校教育的目标看高校文化的育人意蕴

新时代，高等教育终极目标就是培养德、智、体、美、劳全面发展的社会主义建设者和接班人，要胜任"建设者"和"接班人"的角色，必须具备多方面的能力和素质。哈佛大学前校长，《回归大学之道》一书的作者德雷克·博克提出的大学教育至少要包含八大目标，即表达能力、批判性思维能力、道德推理能力、公民意识、适应多元文化的素养、全球化素养、广泛的兴趣、为就业做准备，所有这些都以学生的道德文化素质培养为基础。高校的育人功能与传授知识、培养技能不同，把思想理念构建在别人的头脑里，既需要教育者的智慧，也需要受教育者的吸收内化。因此，在高等教育目标中需要融入人文内涵和文化底蕴，以价值理念、道德规范、思维方式、人文修养、习惯养成来充实高等教育内容，以文化人、以文育人。

二、校园文化的内涵

校园是师生学习、工作的空间，校园文化体现在学校内部并形成其独特的校园环境、和谐的人际关系、共同的思想作风和行为准则，它是这一时空存在的物质文明和精神文明的总和。高校校园文化是高校在发展过程中形成的自己独有的文化和文化传统，"校园文化作为一种复合文化形态，是高校在长期发展过程中形成的被普遍认可和共同遵循的基本观念和价值标准，是对高校所承载的价值观念和行为规范的综合表现，具有多元化、开放性的特点。高校文化通常是由校训、校规、历史、环境文化、学科特色和学术实力以及科研创造力共同孕育的，是实现信仰塑造、价值传送以及政治立场的直接载体"，校园文化是一所学校综合实力的反映。

（一）校园文化的主要内容

一所高校所展现的文化，是在长期的办学实践中积淀的特有的校园文化和精神风貌，它包括大学精神、文化传统、知识系统、教育载体、校园环境等载体。具体而言，高校校园文化可以分为物质性校园文化、精神性校园文化和制度性校园文化，其中物质性校园文化是校园文化的基础和条件，精神性校园文化是校园文化的核心与灵魂，制度性校园文化是精神性校园文化和物质性校园文化的中介。它们相互融合，构成高校校园文化。

1. 物质性校园文化

高校校园是物质文化的集合体，物质性校园文化主要是能被人们所直观感受到的高校内部一切物质性对象，它是一种形态和实体性文化，是高校校园文化的物质性载体，是校园文化发展的基础和条件，它体现了一所高校的文化传统、历史底蕴和办学理念、育人理念等。高校物质性校园文化既包括校园建筑、教学楼、实验楼、图书馆、文娱体育活动场所等各种设施，也包括物质性校园文化景观，如校园绿化、人文景观、校容校貌、楼宇风格、学校标识、地标建筑等，体现出一所高校的独特气质。

显性的校园环境是物质性校园文化的重要组成部分，任何教育的发生都离不开环境的影响，马克思的教育环境理论认为"人创造环境，同时，环境也创造人"，积极健康的文化环境不仅能够促进人在各方面的发展，还能促进育人活动的有效运行。物质性校园文化虽然是一种表层文化，但它也是一所高校在自身发展过程中长期建设的物化结果，在一定程度上是精神性校园文化的重要基础，集中体现高校风格和环境特色，是一所高校综合实力的重要表现形式。

2. 精神性校园文化

高校既是客观的物质存在，也是一种精神性的存在。高校校园文化的核心与灵魂体现于高校文化提炼出的高校精神品格，即精神性校园文化。精神性校园文化是高校在人才培养、科学研究、教学实践及管理服务中长期积淀、整合、提炼而形成的，蕴含着一所高校的办学理念、办学定位、发展目标、学科特色、学术风范、教风、学风和班风等独特风格，体现师生员工共同的理想目标、价值观念、精神信念、文化传统和行为准则的价值观念体系和群体意识的深层文化形式，是教师、学生和管理者共同传承和创造的精神成果的总和，是大学区别于其他社会组织的重要象征，是一所大学赖以生存和发展的重要根基和不竭动力，是大学的精神和灵魂。

精神性校园文化是高校校园文化的核心与灵魂，是一所高校凝聚力和创造力的核心体现，也是一所高校生存和发展的源泉和动力，精神文化一旦缺失，大学校园文化就如同无源之水、无本之木、无魂之躯。精神性校园文化主要表现为校园精神，如自由精神、人文精神、科学精神、批判精神、独立精神、创新精神等，是校园文化的精髓和引领。

3. 制度性校园文化

制度性校园文化是在高校发展过程中为保障办学治校的整体秩序，实现教学秩序、学习秩序、管理秩序、服务秩序等的正常化、稳定化、高效化而制定的规章制度和行为规范等，它是高校文化建设与发展、教育教学质量提升的有效制度保障。高校制度性校园文化包括显性制度文化和隐性制度文化，显性制度文化主要是指高校制定的各种规章制度的总和，是形成了文字性的、可视的、硬性的制度要求，它通过显性的规范保障功能，来实现教书育人、管理育人、服务育人、文化育人等育人目的；隐性制度文化是由规章制度、办学理念辐射和衍生出来的校训、校纪、校规、班规、校风、教风、学风等，对校园师生具有无形约束力的制度、规范和要求。通过其中所蕴含的价值观念产生一种特定文化氛围和精神场域，和校园精神文化一同促进高校师生正确价值取向和精神追求的形成，从而实现高校制度性校园文化育人的目的。

（二）高校校园文化的特征

高校校园文化反映的是长期办学历程中所拥有的一种理想、信念以及价值观念，是一所高校的传统、特色和优势。高校校园文化作为一种文化样态，既融合其他文化，又传承文化和创新文化，具有开放性、传承性、创新性等特征。

1. 开放性

高校校园文化在形成、发展、创新的过程中并不是单一的，也不是单向的，而是由校园内全体教职工和学生共同创造的多元文化的共生共处、和谐共荣、多姿多彩的校园文化态势。高校校园文化的整体性决定了它的开放性和整合性，即它将渗透于大学精神、大学制度、大学办学理念、知识传播与大学生日常学习、生活的整个过程，和各个方面的文化进行优化和整合，形成一个开放的系统。高校校园文化不可能独立于社会主流文化之外，它必须吸取社会主流文化营养，使校园文化具有强大的生命力；同时，校园文化也会受到社会其他文化的制约和影响,甚至面临着各种文化和思潮的渗透,而以其开放性的特征承担着对外来文化、西方文化、传统文化的整合并加以利用,并与各种优质文化进行相互吸纳、相互碰撞、相互借鉴。

2. 传承性

高校校园文化,如办学理念、价值观念、学术传统、思维方式、校风、教风、学风等内在品格的形成,不是一代人,而是几代人或数代人自觉不自觉地缔造的。这种经过长时间大浪淘沙式形成的校园文化必定是科学的、符合本校小学实际的、可持续发展的。因此,高校校园文化一经形成,在一段时间必将具有稳定性,并内化为校园文化永续永生、不断传承的精神气质,代代相传,相沿成习,渗透在全体教职员工和学生的思想、观念、言行、举止之中,渗透在高校的教学、科研、校风、学风之中,不因时代、社会制度不同而消失。文化的传承与创新作为大学人才培养、科学研究、服务社会三大功能之外的"第四大职能"(袁贵仁)越来越得到高校的普遍重视,校园文化建设是实现文化传承创新的重要基础,没有良好的校园文化建设,就不会有文化的传承,更不会有文化的创新。

3. 创新性

高校是文化传承和创新的主要力量,高校的任务和使命决定了创新性是大学的重要功能之一,也是高校校园文化的一个重要特征。活跃在高校校园的师生是一个较为特殊的文化群体,他们在生活、教学和学习中,不断受到各种文化和各种思潮的冲击,这决定了他们必须不断地、有选择性地借鉴以往文化成果,并在此基础上,不断进行文化建设和创新,他们的身份也决定了他们担负有文化创新的责任和使命。"大学文化的形成过程是大学人的人化过程,亦即大学人创造了大学文化",高校校园文化是一个不断选择、优化和创新的过程,也是拔尖创新人才培养的人文摇篮。

三、校园文化的育人功能

校园文化是展示高校文化育人理念和育人形式的直接载体,是构建高校育人平台的重要渠道。高校校园文化不仅是一个文化环境,更是一个教育环境,它对大学生的影响是春风化雨、润物无声、潜移默化、入心入脑的。高校校园文化对大学生的思想观念、价值取向、行为方式、思维方式有着潜移默化的影响,具有重要的育人功能,立德树人,提升学生的综合素养是高校校园文化育人和化人最核心的功能。

(一)立德树人功能

高校文化虽然有物质文化、精神文化、制度文化等多样形式,而且它们在高校文化育人中发挥影响和作用的途径不同,但各自都通过自身的特质在影响和塑造着大学生,在持续地交互共融中推动、促进和发挥着高校立德树人的育人功能。高校文化育人的基本内涵是通过大学文化促进人全面、自由、充分、和谐、健康地发展,实现立德树人的根本目标。

1. 高校物质文化的立德树人功能

高校校园建筑、设施、布置、景观等物质性载体本身是文化的产物,一草一木、一砖一石无不体现文化育人的引导、熏陶和浸润作用,渗透在大学教学、科研、管理、服务以及师生生活的各个方面。高校物质文化是实现文化育人和落实立德树人的重要途径和载体。高校校园建筑起到文化隐性课程作用,"建筑物给学生是见贤思齐的精神激励作用重要,还是简单好记方便重要,就在于通识教育的价值衡量上",具有精神内涵的建筑物中所蕴含的隐性价值取向直接或间接会对师生的心理产生影响。校园环境是最基本的物质文化,反映着高校的校史景象与品格特征,集中体现高校风格和环境特色,是高校发挥价值引领和情感陶冶的重要资源,也是实现立德树人育人目标的重要方式。

校园文化环境包括校园自然环境和人文环境,中共中央、国务院在《关于进一步加强和改进大学生思想政治教育的意见》中指出,"校园文化具有重要的育人功能",各学校要重视校园人文环境和自然环境建设。校园文化环境中良好的校园布局、独特的建筑风格、优美的绿化都渗透着不凡的人文气息,是高校校园里鲜活的精神标识和文化符号,能够帮助学生净化心灵、陶冶情操、提升境界、涵养气象的优美环境和文化氛围,无时不在潜移默化中培育学生的文化品位和审美观念。

这种无声的育人载体,营造出一种春风化雨、润物无声的育人环境和氛围,启迪师生智慧、提高师生审美情趣、激发师生创造力,使师生在心旷神怡中获得价值的认同、审美的陶冶、思想的感化、行为的养成,自然而然地影响着师生的价值追求、自我认同和对教育事业的热爱,其潜在和深远的意蕴不言而喻,是实现高校立德树人目标的有效方式。

2. 高校精神文化的立德树人功能

高校文化的基础是物质性的,但其核心是精神性的。高校精神文化是一种隐性文化,它涵盖了高校历史传统和师生认同的文化理念、价值理念、生活方式等意识形态,是高校精神面貌的集中反映,对高校文化育人具有主导性、决定性的作用和影响。黑格尔曾说过,"精神的伟大和力量是不可以低估和小视的",高校精神是一所高校发展的内在推动力,高校精神作为一种内生动力,当它根植于高校每一位师生内心的时候所产生的催化作用,会形成强大动力,激发和感召师生去探索知识,追求真理。

优秀的精神文化,可以陶冶大学生的情操,引导大学生树立正确的价值观,尤其是渗透在高校的物质文化景观当中的校风学风、知识体系、校园环境、大学精神、文化理念、师德师风等精神文化,以其隐性的内化功能更深刻、更持久地发挥着隐性的文化育人效力。高校精神文化的形成是顶层设计者的治学理念、教师的治学精神、大师对学术研究的执着和教书育人的责任感以及学生主体意识、主人翁意识等长期凝结的结果,正如美国教育家波伊尔所描述的那样,学校是"一个目标明确的场所,一个相互交流思想的场所,一个充满正义感的场所,一个纪律严明的场所,一个相互关心的场所,一个欢庆聚会的场所"。这样的场所是将高校的价值观念和行为规范内化于高校师生自身价值追求,为立德树人目标实现提供原动力。

3. 高校制度文化的立德树人功能

高校文化是一种氛围，也是一种精神，但这种精神的传承既靠师生自觉，也靠制度文化规范和约束。制度是大学精神与办学理念的外在表现，高校制度文化是高校的内在机制和制度，是高校文化育人的制度保障，更是立德树人得以实现的重要立足点。高校制度文化实质是高校办学理念、办学规律、办学过程的制度化、科学化、规范化、合法化的集中表现。与高校物质文化和精神文化不同，高校制度文化具有刚性、普遍适应性、直接性、外显性等特征，规则明确、严明有序的制度的设立是高校实现高质量发展和长远发展目标的保证。

高校制度文化通过相关的制度、规章、准则、条例、仪式等保障机制，使高校全体成员形成共同的行为准则和价值追求，以适当的强制性或者潜移默化的方式规范和约束着高校成员的认知、理念、行为及思想，让规章制度内化为师生员工自觉自愿的规范和习惯，从制度层面保障高校育人工作有章可循、有规可依、顺畅有序，保障高校按照自我发展目标稳定运行。在高校内部营造尊师重教、鼓励创新、爱护人才、关爱学生的优良制度环境和民主、科学、平等、高效的制度文化，可以产生一种特定文化氛围，为立德树人目标的实现提供科学育人体制和机制，充分发挥制度文化在思想和行为养成中的育人功能。

（二）素质提升功能

高校校园文化是大学精神、校风学风、校史校友、学生价值观和行为规范等资源的聚合体，对大学生具有十分重要的素质提升作用。高校的育人过程相较于家庭和社会而言，实际是一个"有目的、有计划的文化过程"，因而，在高校人才培养中，文化不只是充当知识育人的"配角"，还要独当一面地发挥育人的功能和作用，要充当育人的"主角"。新时代高校文化育人既是"高等教育发展进入新时代"这一新的发展阶段的必然选择，也是高等学校实现人才培养目标的必然要求，更是大学生发展的根本需求和文明养成的必要途径，在人才培养全过程中发挥着越来越重要的作用。

1. 引导正确的价值取向

高校校园文化是一种优质的育人载体，对大学生价值取向具有深远的影响，积极向上的校园文化在价值追求上与社会主义先进文化和社会主义核心价值观具有一致性，良好的校园文化有助于引导大学生价值观的正确方向。

一方面，高校校园文化通过营造特定的文化氛围和环境，引导大学生对国家、社会以及学校的价值产生认同并进行内化，坚定大学生理想信念，厚植高校师生的爱国主义情怀，着力培养有德行有情怀的人，从而引导大学生形成正确的世界观、人生观、价值观。

另一方面，高校校园文化的存在时刻牵引着师生员工的价值取向、行为规范和治学理念，大学生在高等教育文化的熏陶下可以不断规范自己的言行，不断加深对社会的认识，在不断审视个人追求和社会需求，逐渐形成符合社会现实发展需要的价值观，达到社会需求的价值认同。高校校园文化不是一个独立的物质形态，它依附在大学肌体之上，但又牵引和引导着这个肌体的思维和行动，当一种价值观普遍得到师生的共同认可后，便会像

"黏合剂"一样凝聚人心,由内向外产生一种向心力、凝聚力和推动力,激发个体能量。可见,校园文化作为一种外在氛围对大学生的价值观念发挥着指引和引导作用。

2. 陶冶高尚的道德情操

高校校园文化最大的功能是在高校浓郁的文化氛围的陶冶下,物质文化、精神文化、制度文化等蕴含的文化内核潜移默化地融入学生的道德培育体系中,通过激发大学生内在的道德力量,实现涵养性灵、愉悦身心、陶冶情操的教育目的,达到"蓬生麻中,不扶自直"的育人效果。在每一所高校的历史发展进程中,都会锤炼出具有独特品质的高校精神,这些精神信念长期滋养学生,能对学生道德观、价值观产生重要影响,并在其内心逐渐积淀为道德提升的内驱力,转化为陶冶高尚道德情操的育人力量。

进入新时代,习近平总书记指出,必须加强全社会的思想道德建设,激发人们形成善良的道德意愿、道德情感,培育正确的道德判断和道德责任,提高道德实践能力尤其是自觉践行能力,引导人们向往和追求讲道德、尊道德、守道德的生活,形成向上的力量、向善的力量。

思想道德建设的主要目标之一,就是促进学生良好道德习惯的养成,培育学生高尚的道德情操。一所具有深厚文化底蕴的高校,给予大学生的远远不止与知识相关联的东西,其中的文化精神和道德情感对大学生的成长发挥着更重要的作用,它可以帮助大学生塑造品质、陶冶心灵、完善人格,以培养高尚的道德情操。高校校园文化散发的这种内在的育人品质和育人力量,具有持久性、渗透性和深刻性。

3. 引导正确的行为选择

优秀的校园文化氛围本身就是一种积极有益的德育因素,其中的隐性教育因素会对学生产生一种无形的约束力和支配力,使他们在无形中受到熏陶、约束、影响和激励,影响他们的行为选择,增强自我管理意识,自觉地维护和遵守学校规章制度,将相对进步的社会准则和优良的道德规范内化为个人的思想品德,逐步完善自己,使自己成为一名克己自律、严修立德的合格大学生,以实现其引导、约束和规范学生行为的育人功能。

高校校园文化对学生正确行为选择的引导功能的实现,一方面,通过渗透性的、隐形的、非强制性的育人内容和途径,使学生的思想、情感及内心世界在校园文化的大环境中,不知不觉、自由自在、深刻而持久地受到潜移默化的影响,将所接受的信息内容转化为内心稳定的心理认知,并形成一种行为习惯。

另一方面,表现在制度文化对学生行为的引导性和规范性上,制度文化是一种体制下的文化条款,是硬性约束,具有一定的强制性和控制力,在制度文化的约束下,学生会开始自觉审视自己的行为缺失,判断自己的行为是否符合群体的定位和环境的要求并加以改正,在此基础之上形成坚定的道德观念、崇高的道德品质和积极进取的人格精神。因此,校园制度文化能使学生由被动地遵守学校规章制度到主动自觉地领悟校园文化的精髓。

第二节 高职院校校园文化建设的特性

校园文化作为一种以师生为主体的群体文化,反映着一所学校的面貌和风格,有着鲜明的个性和时代特征,对群体组织成员具有导向、示范、教育和激励等诸多功能。培养面向生产、建设、管理和服务第一线需要的高技能人才的高职院校,建设什么样的校园文化、怎样建设校园文化,不但事关高职教育发展,而且事关人才培养质量。因此,从高职教育目标和发展的战略高度开展高职院校校园文化建设研究,事关重大、意义深远。

一、职业性是高职院校校园文化建设的首要特性

自 1980 年国家教委批准成立首批职业大学以来,我国高职教育虽说已有数十年历程,但大规模兴办是 10 多年前的事情,而且大多数均是新建院校或由中专升格、合并而成。在建校初期,往往将主要精力集中于学校规模扩张和校园基本设施建设,无暇过多顾及校园文化建设。因此,高职校园文化建设既缺基础,也缺经验,基本上是沿袭中专做法或套用普通高校的经验,缺乏高职院校自身特色。

高职教育兼具高等教育和职业教育的双重属性,职业性是高职院校区别于普通高校的显著特征。近年来,国家重视并大力发展职业教育,高职教育也由此驶入了快速健康发展的轨道。"以服务为宗旨、以就业为导向",走"产学结合、校企合作"之路已成为高职院校发展的普遍共识。为了培养"面向生产、建设、管理、服务第一线需要的'下得去、留得住、用得上',实践能力强、具有良好职业道德的高技能人才",高职院校必须"以就业为导向、以职业为本位",重视学生职业素质教育,注重学生职业能力培养。

校园文化作为一门隐性课程,对学生的思想、行为具有潜在性、暗示性和渗透性的影响,对学生的成长成才起着不可替代的作用。高职院校校园文化建设如何围绕这些导向,正视高职办学目标与人才培养模式的特殊性,突出"职业教育"特点,并将职业特征、职业理想、职业技能、职业态度、职业道德以及职业所需的人文素养等"职业性"素质,有机地融入校园文化建设,提高学生的职业能力、职业精神和职业人格,既是高职院校校园文化建设的努力方向,也是高职院校校园文化建设的特色所在。

因此,高职院校校园文化建设要有别于普通高校,职业性是其应凸显的首要特性。基于此,当前高职院校校园文化建设要在"职业教育"上下功夫,凸显高职教育的"职业性"特色,要"贴近市场,以就业为导向;贴近岗位,凸显实践性和职业性;贴近企业,产学结合、校企互动",努力建设具有自身"职业"特色的高职院校校园文化。

二、高职院校校园文化打造职业特色的实现形式

高职教育要面向就业，重要的是面向企业，培养企业需要的人才。为了学生就业，高职院校校园文化建设必须加强与企业文化的沟通互动。企业文化与校园文化分属不同领域，两者在内容、特点、形式和作用等方面有着较大的差异。调查显示，高职毕业生从熟悉的校园来到陌生的企业，对企业文化产生各种不适应，其中对企业的工作环境、规章制度、工作节奏、人际关系方面，在工作初期不适应或不太适应的比例分别占到60%、43%、62%、56%。

调查还显示，高职在校生对企业文化普遍缺少了解，如在校生有63%对什么是企业没有清晰的认识，有85%对胜任工作所需具备的素质"不清楚"或"不太清楚"。因此，为了缩短学生从学校走向社会的距离，提高学生的社会（企业、岗位）适应性，高职院校必须加强校企文化互动，让学生在校期间就能得到企业文化的熏陶，并树立起对于特定行业和特定岗位的价值认同。调查表明，有91%的高职毕业生和100%的企业认为，增强在校生对企业文化的了解与认知将有助于就业。所以，高职院校校园文化与企业文化实行互动对接，是高职学生成长成才的需要，也是高职学生就业创业的需要。

校园文化与企业文化作为不同的群体文化，分属不同领域。尽管两者之间有着较大差异，但其在基本形态、形成发展、人才培养等方面有着互动融通的理论与实践基础。

首先，两者在基本形态上具有同构性。从校企文化的基本形态看，两者均可分为精神文化、物质文化、制度文化和行为文化。其中精神文化又是各自文化的核心内容，均以对人的关注、实现人的全面发展作为终极价值。两者在终极价值取向上的一致性，为校企文化互动融通提供了理论与现实依据。

其次，两者在形成与发展上具有相融性。文化在本质上都是开放的，校园文化与企业文化亦不例外。其在形成与发展过程中，都存在一个不断吸收其他文化并与之相融共进的过程。在校园文化建设过程中，要吸收包括企业文化在内的其他社会文化，如政治文化、经济文化、科技文化、娱乐文化、管理文化等。在企业文化发展过程中，也会受到其他社会文化包括校园文化的影响。特别是一些高科技企业和校办企业，其本身就是由高校衍生而出，深深打着校园文化的烙印。

再次，两者在人才培养上具有对接性。高职院校是以培养企业所需的应用型人才为目标，企业在激烈的市场竞争中求生存、谋发展也需要高素质人才。因此，从人才培养上看，高职院校与企业有着更为紧密的联系和依赖关系。为了提高学校培养人才的适应性，企业在学校人才培养过程必须提前介入，包括企业文化对校园文化的渗透，以期形成企业所需的行为方式和价值观念。

综上所述，高职院校校园文化建设应该与企业文化进行互动融通。当前高职院校校园文化建设必须立足"职业教育"特点，围绕学生的职业素质培养，结合地方经济建设和行业发展要求，加强与企业文化的互动融通，这是高职院校打造具有"职业性"特色校园文化的实现形式。

第三节　高职院校特色校园文化建设的体系构建

校园文化作为一套完整的体系，包括精神文化、物质文化、制度文化和行为文化。根据笔者对高职教育和高职院校校园文化的认识，高职院校在规划与建设校园文化时要以提高学生职业素质为目标，以培养学生适应社会（企业、岗位）能力为主线，在学校精神文化、物质文化、制度文化和行为文化等方面全面实现与企业文化的互渗互融和有效对接，校企互动，让优秀企业文化在校园"软着陆"，构建起体现"职业性"要求的高职院校特色校园文化体系。

一、精神文化：塑造反映办学理念、体现职业特性的大学精神

大学精神是一所大学在长期实践基础上对其办学理念进行内化、升华及理论抽象与价值凝练的结果，是各种精神文化资源的精髓。因此，高职院校在建设精神文化时，除培养师生的爱岗敬业、诚信品质、团队精神等精神文化外，更要立足学校实际，着力呼应办学理念、体现职业特性的大学精神。

比如浙江医药高等专科学校（现"浙江药科职业大学"）的校训"厚德厚朴、励志远志"，在反映学院"重德、立志"办学理念的同时，还将"厚朴""远志"两味中药名蕴含其中，充分体现医药高专的医药文化特色；再如浙江经贸职业技术学院的校训"厚德崇商"，字里行间颇能感受"立德、亲商"的商贸文化；还有浙江纺织服装职业技术学院在设计院标图案时也充分展现学院的轻纺特色等。

企业识别系统（Corporate Identity System，CIS），是企业的整体经营策略和全方位的公共关系战略措施，是企业与公众沟通的一种有效手段，它包括理念识别（Mind Identity，MI）、行为识别（Behavior Identity，BI）、视觉识别（Visual Identity，VI），MI是CIS的核心内容。高职院校在培育与塑造大学精神时可以借鉴和导入CIS，以建立大学的理念识别系统。大学的理念识别系统主要表现在学校精神、校风、学风等精神文化层面，因此高职院校在建设精神文化尤其是塑造大学精神时，要对体现大学精神的校训、校标、校徽、校歌等理念识别载体进行精心提炼与系统设计，像企业经营品牌一样打造高职院校的精神文化品牌。

二、物质文化：营造彰显学校精神、体现职业特征的环境氛围

物质文化是学校文化的外在表现，是精神文化的承载形式。因此，高职院校在建设物质文化时一定要彰显学校精神、体现职业特征。比如浙江金融职业学院为了建设诚信文化，在学校正大门左侧设立一块镌刻有"诚"字的巨石，在三号门前镶嵌一块镌刻有

"信"字的汉白玉，诚石（实）、信玉（誉）直观地阐发了学校"诚信"的办学理念与精神；再如浙江建设职业技术学院把继承鲁班文化与营造育人环境相结合，在新校园的规划和设计中充分吸收了鲁班的建筑思想，从校园整体设计、建筑风格、道路命名等方面体现建筑专业特点。该院在南大门设置了中外经典柱廊，校园主干道路以鲁班、茅以升、詹天佑等古今建筑大师的名字进行命名等，使师生能够在求知、求美、求乐中受到潜移默化的启迪和教育。

此外，高职院校还要围绕"职业教育"特点，在实习实训基地建设教室、寝室、楼道文化布置等方面，营造"职业性"的校园文化环境与氛围。比如宁波天一职业技术学院（现"宁波卫生职业技术学院"）护理实训中心建设，从护士台、分娩室、手术台、护理室等环境布置，全真模拟医院场景；再如金华职业技术学院围绕"基地、教学、科研、招生、就业"五位一体办学特色，培养学生的职业精神和实践技能，加强校企合作与文化融通，为企业先后开设"香溢旅业班""恒生班"等各类订单班20余个，这些订单班由企业冠名，学生着企业服装，给校园文化增添了多元的色彩；又如，宁波职业技术学院在校园内很多地方张贴体现和反映企业文化的宣传标语，"敬业才能有事业""今天不努力学本领，明天将努力找工作"等，使校园内企业文化氛围浓厚。

三、制度文化：构造融合企业文化、体现职业特色的规章制度

制度建设从一定意义上说是带有根本性的建设，因此高职院校吸纳优秀企业文化进行制度创新，意义重大。全面质量管理（Total Quality Management，TQM）作为现代企业的一种先进管理方法，其核心是通过建立全面质量管理体系，提高管理质量与品质。高职教育培养的是各行各业所需的应用型技术人才，为提高高职教育教学质量，全面质量管理值得借鉴与推广。

例如，浙江交通职业技术学院推行全面质量管理，采用了基于ISO 9000族标准转化的《船员教育和培训质量体系》。该院1998年引入质量管理体系，并严格按照行业标准经营学校发展，经过几年的实践、改版、推广、运行，通过了中间审核、再有效审核，该院摸索出一条向管理要质量的有效途径，得到了社会的充分认可，为学生适应行业管理模式提供直观亲历条件。2004年，该院将质量管理体系由点到面推广至全院，以此带动该院各项工作。

实践证明，构造融合优秀企业管理文化、体现职业特色的规章制度，有助于高职院校的制度创新。例如，苏州工业园区职业技术学院引入企业竞争机制，在学生学习中推行"末位淘汰制"。该院实行"末位淘汰制"，旨在从大学时代就培养学生的竞争意识。从推行情况来看，"末位淘汰制"有利于学生潜能的激发和释放，有部分学生在被"淘汰"警告后，其学习的潜能被激发，学习效果明显进步，从班级末位一跃成为前三名，因而获得学院的"年度最佳进步奖"。

再如，有些高职院校按照企业的架构构建班集体，以企业的组织模式设置班干部，以企业的管理模式实行"总经理（班长）负责制"，参照企业特点进行班级CIS策划，按照

企业的制度制定班级规章、公约，结合企业和专业的特点规划班级活动，以项目的形式、招标的方式组织班级活动，从而使学生在校期间就能感受企业文化氛围等。

四、行为文化：打造倡导行业规范、体现职业特点的文化活动

家有家法，行有行规。高职院校要打造倡导行业行为规范、体现职业特点的校园行为文化，对引导师生行为导向，尤其是培养学生符合行业道德要求的行为规范，如敬业、合作、守纪等，影响深远。为此，高职院校在行为文化建设时要倡导行业行为规范、体现学院职业特点。例如，浙江金融职业学院立足金融行业要求，打造诚信文化，倡导教师"敬业奉献"，学生"明礼诚信"。该院通过向全院师生征集素材编辑出版人手一本的《诚信手册》，推出《浙江金融职业学院学生诚信公约》和《学生诚信誓词》等形式，来建设诚信文化。

行为文化涉及面广，有实践文化、实习文化、礼仪文化等，其中校园活动文化品牌建设对师生行为影响最大，各高职院校均在倾力打造。例如，浙江水利水电专科学校（现"浙江水利水电学院"）开展的以"弘扬水文化、培育水利人"为主题的水文化活动，内容包括"水、利、我"专题研讨会，组织学生赶赴有关地市开展"我取浙江八杯水（浙江省八大水系）"和"建万里清水河道、打造靓丽新农村"的社会实践活动等。再如，宁波天一职业技术学院开展的"爱心天使，爱在四季"主题爱心文化活动，内容包括"春季·青春天使""夏季·活力天使""秋季·健康天使""冬季·阳光天使"等四大篇章；还有湖州职业技术学院探索开展的"创业教育课程化、创业实践项目化、创业管理规范化、创业平台基地化、创业指导全程化"的创业文化，内容包括将创业教育纳入教学计划、成立创业学生社团、建设创业园等。

第四节　高校校园文化育人的实施路径

高校校园文化不是单一的文化形态，而是融物质性文化、精神性文化、制度性文化于一体的文化体系，它们在高校文化育人中形成一股合力，通过校园文化活动、社团文化、校风校训等多种载体，共同实现高校文化育人的目标。

一、打造美化校园的物质文化

育人离不开环境，优美的校园环境，如诗如画的校园风光，风格各异、错落有致的校园建筑，鸟语花香的校园花园，宽敞明净的校园道路，万紫千红的绿化景观，明亮宽敞的教室和图书馆，这些都能给学生以巨大的精神力量。学生在优美的校园环境中学习、生活，增进了他们热爱学校、热爱家乡、热爱祖国的情怀，能帮助他们形成正确的世界观、

人生观、价值观。

(一) 保护和传承校园物质文化

校园物质文化建设要充分考虑高校的历史传统，立足于校园史迹和传统优势物质文化载体和景观，挖掘在本校历史发展过程中，具有育德、育人价值的文化因素，不断提炼高校优秀文化基因，凸显立德树人的精神内涵，营造立德树人的文化氛围，实现高校物质性校园文化的育人功能。为此，必须传承保护校园经典建筑和校园景观，精心规划论证新校园建筑布局和设计，增强校园建筑命名的文化意涵，加强校园文化仪式建筑等，在高校校园的物质性存在中注入更多精神性的或具有文化内涵的内容。

高校校园中的建筑遗存是学校发展的历史见证和传统来源，也是学校鲜活的精神标识和文化符号，传承保护承载校史文化的校园经典建筑、特色博物馆和校园文化景观，维护校园历史建筑的文化生态，使之成为传播传统文化和开展艺术教育的生动教材，"新老建筑混合在一起，如同一部记录时间的历史书籍"，这些精心设计的校园建筑将艺术韵味与学校的价值理念结合起来，传承了学校的特色与优势文化精神，营造了校园文化教育的氛围，并且营造出一种春风化雨、润物无声的育人环境，使学生在心旷神怡中获得审美的感受、价值的认同、心灵的陶冶、思想的感化、行为的养成，真正做到生活即教育、学习即成长。

(二) 将文化元素融入物质形态中

高校校园物质形态，应彰显大学文化特色和大学精神，展示大学的理想，体现大学的气象。在校园物质文化建设中，要因地制宜、因校制宜、因时制宜，在建筑风格、人文景观和自然景观中融入高校自身的办学理念和特色，将大学的精神文化与个性气质融入高校基础设施中，打造出识别度高、特色鲜明、人性化、个性化、文化气息浓厚的校园景观。充分展示高校的价值理念、学术气息和文化氛围，并将人文艺术气息孕育于校园建筑、亭台楼榭、名人雕塑、图书馆、教室、报告厅、运动场馆等客观物质形态中，使之与校园中有影响力的事件、有重要贡献的人物、典型性的活动、文化典故等产生关联，浸润文化的灵气。将校园文化精神以外显的视觉形象为载体，传递给全校师生，形成自上而下的文化认同，启迪师生心智。

同时，在校园物质文化建设中，可以以学校雕塑、公共场所的建筑造型等为载体，展示学校形象，挖掘历史底蕴，传承历史记忆，弘扬大学精神，彰显大学文化气象，表达大学文化理念，营造艺术氛围，让这些无声的物质文化载体形成隐性育人路径，使大学生获得文化的熏陶、审美的陶冶、情志的感化、行为的养成，在高校文化育人中顺畅地发挥熏陶和化育的作用。

总之，新时代高校文化育人的实现，需要软硬件的配套设施，特别是在硬件设施的完善中要将大学文化的软件恰到好处地融入其中，有目的地将大学文化元素，如学校优秀文化传统或学校的特色文化等进行整合，融入学校的教学楼、图书馆、体育设施等学生活动核心区域，将高校的校园自然之美和人文之美有机融合，以人性化特征强化育人功能，使学生在不着痕迹中受到影响。

1917年，蔡元培在《新青年》杂志上发表的《以美育代宗教说》一文中说："同一自然景物，在科学上为形体解剖，生理实验，用途改造等等，而文学家乃注重于色、声、香、味之观赏的描写与印证。"英国艺术教育家拉斯金也认为，周围环境的艺术化对人审美能力的培养和提高是极其重要的。高校优美的校园环境、高雅的人文景观、完善的校园文化设施、科学合理的布局、各具特色的建筑，无一不是育人的重要载体。

二、营造净化心灵的精神文化

精神文化是高校的文化基因，高校文化育人的最高目标是精神育人，使学生精神上真正成人，高校校园精神文化要发挥其育人功能，必须加强精神文化建设，注重精神文化的熏陶和精神价值的培育。2017年6月，共青团中央和教育部联合印发的《关于加强和改进新形势下高校共青团思想政治工作的意见》中强调：要"发挥团学优势，围绕学术科技、文化艺术、公益服务等主题组织开展丰富多彩、积极向上的校园文化活动，深化大学生'走下网络、走出宿舍、走向操场'主题课外体育锻炼活动，将德育与智育、体育、美育有机结合，寓思想政治教育于文化活动之中。积极参与文明校园创建，强化校训、校歌、校史的育人功能，从班风、舍风抓起，营造良好校风和学风"。底蕴深厚的大学精神、良好的校风、学风等，都是高校精神文化育人的重要抓手和载体。

（一）涵养大学精神

大学精神源于一所大学发展历程中的先进文化积淀和先进文化发展方向的结合，是大学在长期的教育实践中积淀的最富典型意义的精神特征，是大学的根和魂。大学精神最核心的层面是由一些具有历史文化积淀的元素构成，包括办学理念、校训、校史、校风、校标、校徽、校歌等，它们是形成一所高校文化传统的核心要素，既反映其鲜明的办学特色，又体现其深厚的历史底蕴和深层的价值追求，如创新意识、自由思想、人文传统等。大学精神既践行"在明明德、在新民、在止于至善"的大学之道，又彰显一所高校师生的精神风貌和现代大学文化的精气神，其核心是以育人为第一要旨，学校的精神品格会对学生产生潜移默化的影响和熏陶，这种熏陶的结果会在师生的价值观、精神状态、行为方式、思维方式中反映出来。

新时代，大学精神的涵养，要充分吸收现代大学的办学理念与思想精华，在尊重人文精神和科学精神、发扬批判精神和包容精神的基础上，深入挖掘集中体现高校本质、特色、历史积淀、文化素养和展示高校的整体面貌、办学特色的精神文化，丰富大学精神的内涵。同时，要汲取人文社会科学中的崇德尚美的人文精神和自然科学中的求真务实的科学精神，处理好高校历史文化继承与文化改革创新、大学精神与大学生信仰之间的关系，营造以先进的文化和高尚的精神品质塑造人的心灵的精神文化。

（二）深挖校训的育人价值

大学校训是大学精神文化的重要组成部分，是广大师生共同遵守的基本行为准则与道德规范，它既是一所高校办学理念、办学传统、办学特色、办学目标、治校精神的反映，也是一所学校教风、学风、校风的集中表现,是体现一所学校精神文化的核心内容。由于历史的不同,以及受到地域文化与专业差异的影响,不同的高校形成了各自的传统和精神,展现不同高校的特色与个性,而最能反映一所大学传统和特色的就是校训。

校训以其简练的语言展现了一所高校所培养的人才的特质,以其厚重的文化底蕴和鲜明的时代特色发挥着潜移默化、深远持久的人格精神塑造与价值观养成的育人作用,是激励师生不断奋进的助推器,对激励全校师生弘扬传统,增强荣誉感、责任感,继续奋发向上,具有特别重要的意义,尤其有利于大学生在成长发展过程中,将校训内化于心、外化于行、激励心智,在潜移默化的影响中感染人的情绪、陶冶人的情操、美化人的心灵,督促学生积极向上观念的形成、良好品行的养成和理想人格的塑造。

因此,高校精神文化育人必须深入挖掘校训的潜在育人价值,充分发挥校训的价值导向作用,将校训所包含的理念融入大学教育教学全过程、渗透在大学校园文化建设的全过程、贯穿于大学实践育人的全过程、嵌入大学制度建设的全过程,使学生从校训中怡情养性,找到精神依托,提升审美境界和文化品位,真正使大学校训的育人功能现实化、常态化。

(三) 营造良好的校风

一所高校的校风在一定程度上折射出该校的治学理念、大学精神,习近平总书记曾多次强调要弘扬优良校风学风、营造风清气正的校园文化生态。校风包含针对教师而言的教风和针对学生而言的学风。教风的核心是师风,加强师风建设是营造良好的校风的关键一环。要打造一支有理想信念、有道德情操、有扎实学识、有仁爱之心的"四有"好老师队伍,应当将加强师德师风建设、增强教书育人能力摆在突出位置。

加强师风建设要按照中央政策文件的指示和习近平总书记有关"师德师风"的系列讲话精神,完善制度安排,坚持以师德师风作为教师素质评价的第一标准,打造既具有过硬知识储备,又具有良好道德素质的教师队伍,不断提高教师的专业素养和师德水平。师德师风是大学精神的集中体现,是文化育人的有力抓手。营造良好校风必须充分发挥教师理想信念、道德情操、人格魅力所具有的传导和示范引领作用,引导教师以德立身、以德立学、以德施教、以德育德。教师要回归教书育人的初心,将高尚师德、教师的言传身教内化为文化育人的"无形教材",对学生思想品质和道德养成的意义重大。

同时,要切实增强教师思想政治工作实效性,引导教师将"学高为师、身正为范"的观念内化于心,要坚持教书和育人相统一,坚持言传和身教相统一,坚持潜心问道和关注社会相统一,坚持学术自由和学术规范相统一,引导广大教师以德立身、以德立学、以德施教,热爱教学、倾心教学、研究教学,潜心教书育人,敬畏讲台、珍惜讲台、热爱讲台,注意用人格力量去感化学生、亲近学生、关爱学生,走到学生群体中,走到学生心灵里。营造尊重、友爱、和谐的文化环境,并用他们在科学研究中形成的科学情感、钻研精神、职业道德,促进健康的学术氛围的形成,营造良好校风,为实现最佳的育人效果扎下根基。在学校思想政治理论课教师座谈会上,习近平总书记强调思想政治课教师"政治要强、情怀要深、思维要新、视野要广、自律要严、人格要正",要给学生心灵埋下真善美的种子,引导学生扣好人生第一粒扣子。

良好学风,是营造校园氛围和精神文化的关键要素,是衡量学校内在潜质和文化底蕴的外在表现形式,学风主要是针对学生而言,包括学习态度、学习原则、学习方法、学习品格、学习效果、学习效益、学习环境等。学风建设不仅是一个教学问题,它还对营造健康向上的校园文化,弘扬刻苦学习、顽强拼搏的精神和求真务实、明理诚信的道德风尚,引导学生树立正确的成才观、价值观以及学会做人、做事等方面都有着积极的作用和深远影响。

(四)营造优良的环境氛围

环境是人才成长的重要条件,它直接影响着每个学生的身心健康发展。中共中央《关于培育和践行社会主义核心价值观的意见》(以下简称《意见》)中指出:"注重发挥校园文化的熏陶作用,加强学校报刊、广播电视、网络建设,完善校园文化活动设施,重视校园人文环境培育和周边环境整治,建设体现社会主义特点、时代特征、学校特色的校园文化。"《意见》以深邃的目光对校园文化育人方式作了深刻的论述,强调通过有意识地设置文化环境,加强校园文化环境的培育和建设,创造文化育人的效益最大化。

营造优良的环境氛围,一方面可以以宿舍文化为载体,结合专业特点积极组织开展各种课外文化活动,充分发挥校园文化、宿舍文化的德育功能,努力把思想道德教育内容带入校园文化和宿舍文化的建设之中,大力营造良好的文化环境,让大学生发展自己的兴趣爱好,充实课余文化生活,从中受到熏陶和教育;另一方面要全方位营造育人氛围,曾任香港中文大学校长的金耀基指出,"文化生活常决定大学的风格,常影响学生的气质品性和有文化情调、有生命意义的生活方式",大学校园里一切动态发生的东西,教学、科研、服务等方面都渗透着大学的历史积淀和精神追求,体现在校园生活的每个角落,展现了大学全方位育人的教育氛围,这种氛围是无形的,让生活在其中的学生受到熏陶,使学生在高尚和谐环境中耳濡目染、潜移默化地提升文化气质。

三、完善激发兴趣的文化活动

文化活动对大学生的思想观念、价值取向和行为方式有着潜移默化的影响,具有重要的育人功能。高雅、丰富的文化活动能够持之以恒地发挥熏陶化育的作用,最终影响学生的精神世界。发挥校园文化的育人功能,必须完善能够激发学生兴趣的各种校园文化活动。

(一)开展丰富多彩的校园文化活动

校园文化活动是高校文化育人的重要载体,也是校园精神文明建设的重要构成部分。高校校园文化活动内容广泛,相比纯理论性的说教,形式丰富多彩,趣味性强,对丰富学生知识,激发个性和潜能,提高学生组织、交往和沟通协调能力,锤炼学生品格,促进学生全面发展大有裨益。校园文化活动的集聚性,使得大学生在参加这些校园文化活动时,都会产生相互的影响而发挥朋辈教育的作用,能更好地起到"润物无声"的育人效果。

当然，在校园文化活动的开展上也要避免"泛娱乐化"和"纯学理化"的倾向，不能将校园文化活动等同于简单的唱歌跳舞而缺乏思想性、教育性和文化性的内涵，也不能只注重理论知识的宣讲或纯粹的说教而丧失了第二课堂的感召力、吸引力和生命力。校园文化活动在设计上应该与学校文化育人的整体设计协调一致，精心组织，使大学校园的文化生态中的各种内容丰富、形式新颖、吸引力强的思想教育、学术科技、文娱体育等校园文化活动蓬勃开展，既有短期的高潮震撼，又有长期的持续熏陶，把德育、智育、体育、美育、劳动教育渗透到校园文化活动中，使得浸润其中的学生获得刻骨铭心的体验。同时，注重引导这些活动把大学的精神、理念和共同价值观内化与升华到学生心中，使之真正成为高校文化育人的重要载体和平台。

(二) 组织有精神内涵的社团文化活动

社团是大学生的第二课堂，也是高校育人的一个隐性课程。高校社团不同于学校其他机构，组织之处就在于自发性，它以学生共同的兴趣爱好和价值观念为基础组建和发展壮大，具有较强的自我管理和约束能力。美国教育家厄内斯特·博伊指出："大学本科教育是否成功与校园生活质量有关系。它与学生在校园内度过的光阴和他们所参加活动的质量有直接关系。"高校社团文化活动不仅是大学生人际交往的一种方式，而且可以活跃大学生的精神风貌，提升大学生的团结协作意识和合作共事的能力。

针对目前高校社团文化活动泛化、娱乐化等现象，学校必须对其加以合理的引导，组织有精神内涵的社团文化活动，创建文明校园、先锋班级、文明宿舍，让高雅艺术、先进理论走进高校社团，提升社团文化活动的育人品味，通过开展一系列积极向上、活泼新颖、精彩纷呈的校园活动，增强社团文化活动的思想性、知识性、艺术性、高雅性和教育性，优化社团文化活动品质，提高学生综合素质。

为此，必须构建高校社团文化活动育人机制，一是社团文化的"濡化"机制，即通过显性和隐性的文化传播形成促进大学生对社团文化表征和内涵产生感性认识；二是社团文化的"内化"机制，即大学生经过一个文化接收、反思和选择的内化过程，逐步形成对社团文化的体察和共鸣；三是社团文化的"外化"机制，即大学生在接收社团文化后主动调整行为、积极践行，促进社团文化的进一步成熟，扩大社团文化的影响效力，从而推动社团文化的代际传承。

(三) 打造有特色的品牌文化活动

大学校园里发生的一切活动都会成为构成校园文化的重要内容，要打造具有学校优势和特色的品牌文化活动，高校必须立足于学校人才培养战略，引导校园文化活动向高雅的方向发展，敢于创建特色、善于宣传特色，丰富校园文化传承的载体，加强树立品牌意识，建立多形式、多层次、多系列的主题特色活动。从组织形式、活动内容、精神风貌、文化内涵等方面创建品牌，使高校文化活动产生强大吸引力，凸显校园文化活动品牌育人的整体效应。打造有特色的品牌文化活动，对内以特色文化为支撑，培养文化自觉，凝聚师生对校园文化活动的认同感，增强师生的归属感、责任心与自信心，激发学校的发展动力与竞争力；对外以特色文化为形象和资源，培养文化自信，以品牌文化活动扩大学校的社会影响力，并以此为契机拓展学校获得资源的渠道。

第五节　新时代高校校园文化育人的长效机制

高校校园文化育人是一项长期而又艰巨的系统工程，要顺利实现育人目标，还需着眼长远，科学构建校园文化育人的长效机制。

一、构建校园文化育人的保障机制

高校校园文化育人目标的实现，离不开完善的保障机制，只有构建完善的保障机制，高校校园文化才能在社会主义先进文化的引领下，更好地发挥育人作用。

（一）管理机制

发挥校园文化的育人功能。高校在制定管理体系的过程中，在内容上，可以融入社会主义先进文化的内涵和基本要求，使高校管理体系的内容与社会主义先进文化的基本内涵一致；在主体上，要鼓励师生积极地参与到学校管理中来，这样的管理制度才能做到深入人心，规范一旦在学校中形成，它将以无形的力量对教师和学生产生深远的影响；在管理队伍建设上，要提高高校管理队伍的专业素质和水平，管理人员在与广大师生沟通的过程中，应该注意多一分理解和包容，采取积极主动服务的方式，密切与其他部门做好配合工作，致力于构建优秀的服务体系；在形式上，互联网现已成为高校校园文化传播的重要路径，高校应以社会主义先进文化为价值导向，积极打造和建设校园网络平台，坚持线上和线下共同合作的原则，将老师和学生相结合，设立学生网络监督组织，积极配合高校网络监管工作。

（二）协调机制

要建立协同运行机制，协调政府、行业、企业和学校资源，充分调动宣传部门、教务部门、学生管理部门和各教学部门，打破封闭壁垒，形成协同育人的格局。要建立组织协调机制，成立领导小组和专门机构，统筹协调文化育人中的重大问题及重要工作，强化组织领导，落实主体责任。同时，要协调文化育人的四个要素，包括育人主体（教育者）、育人客体（大学生）、育人媒介（文化载体）和育人环境（以社会主义先进文化为主导），这四个要素都是文化育人得以发生和实现的关键性因素，四个要素之间相辅相成、密切配合，共同构成相对稳定的要素结构。

首先，作为文化育人主体的教师必须具有高度的文化自觉性，因为任何一所大学，文化的形成往往取决于教师，教师是大学文化的主要承载者和创造者，对大学的文化底蕴和特色影响深远。

其次，作为文化育人客体的大学生，也必须提升自身文化素养的主动性和自觉性，这是文化育人工作的内生动力。

最后，高校要积极引导大学生将知识、能力内化为个人素质，使之在思想和行为上发生显著变化。文化育人的过程实质就是文化价值客体主体化的过程，是在育人过程中充分展现文化底蕴、体现文化内涵的一项系统工程。

高校发挥文化育人的功能和作用，就要实现理论灌输与文化渗透的有效融合。理论灌输和文化渗透并不是相互脱离的两层皮，理论灌输离不开文化的滋养，在理论灌输的过程中可以有效利用文化的力量，在为大学生所熟知的文化氛围中提升理论灌输的吸引力、影响力和感召力；文化渗透同样也离不开理论灌输的导引，在文化渗透中需要坚定、系统的理论作为指导。

（三）合力机制

高校校园文化育人并不能单打独斗，要增强育人效果，必须构建合力机制。

一是要整合社会、家庭、学校的合力，充分发挥学校教育、家庭教育和社会教育各自的职能和优势，聚合三方育人合力，实现校社互动、家校联动，协同育人，达到"从家庭、学校到社会，共同培育良好的文化氛围，激励新时代青年大学生要树立远大理想，热爱伟大祖国，担当时代责任，勇于砥砺奋斗，练就过硬本领，锤炼品德修为"的目的。

二是要整合学校党委及宣传部的领导力量、学校思想政治工作队伍的中坚力量、专业课教师的主导力量和广大学生的主体力量，调动校内各方面的资源和力量形成合力，才能推动整个高校的德育化发展，真正落实立德树人的根本任务。

学校党委及宣传部是落实立德树人任务的"总指挥"，高校如何下好"文化育人、立德树人"这盘棋，很大程度上取决于学校党委及宣传部的决策和部署；思想政治工作队伍大致包括两支队伍，一支是专门从事学生工作的学工部门、团委、辅导员队伍，另一支是思想政治理论课专职教师队伍，两支队伍构成育人的中坚力量，高校文化育人、立德树人的成败很大程度上取决于这两支队伍的素质高低；专业课教师也要主动将立德树人融入学科体系、教学体系和教材体系中，增强"思政课程"的育人实效，好老师应该懂得，选择当老师就选择了责任，就要尽到教书育人、立德树人的责任，并把这种责任体现到平常、普通、细微的教学管理中；大学生作为文化育人的主体力量，在"立德树人"工作中要发挥他们自我教育、自我管理、自我服务的积极性、主动性、创造性。

（四）保障机制

高校校园文化建设要探索建立完善有力的制度保障，要建立体系配套、结构合理、内容科学、设计严谨的制度体系，实现校园管理制度的民主化、科学化、制度化，为文化育人提供健全的制度规范，注重育人资源的整合挖掘，实现制度管理系统性和层次性的有机结合，切实提升制度规范在保障高校校园文化育人中的实效性。在校园制度文化载体建设方面，积极构建与学校培养目标相适应的学生激励体系、保障体系、辅助体系，积极引导师生的理想信念和行为标准，既要健全校园文化建设的组织机构、工作机制和工作格局，也要加强校园文化建设的日常管理,形成符合高校自身特点的日常管理规范,还要严格执行校园文化建设制度,增强制度的刚性约束,提高学生的自我管理能力。

《高等教育法》规定的"高等学校应当面向社会,依法自主办学,实行民主管理"是现代大学制度的核心,也是现代大学制度的基本标志。大学必须充分发挥制度文化在思想和行为养成中的育人功能,加强法制教育,倡导依法办事、按规则办事,增强广大师生的制度意识。必须从制度上保证学校重大原则、重大决策的民主化,形成学校自我发展、自我约束的运行机制;必须积极推进学术民主制度的建设,充分发挥学者在治学和学科建设中的积极作用;必须不断完善学校管理的法制化、民主化制度建设,推进"依法治校"进程;切实加强用人上的民主制度建设,完善公开、平等、竞争、择优的选人用人机制;高度重视人才为本、人才强校战略,建立更加有效的激励与约束机制,创新人才工作制度。

此外,要建立经费保障机制,设立文化育人专项基金,每年拨付经费用于文化育人各项任务落实,改变文化经费供给不足的"缺氧"状态,改变文化人才供给不足的"缺血"状态,改变文化设施供给不足的"缺钙"状态,改变文化精神气象不足的"缺魂"状态。

二、常态化加强校园文化建设

要充分发挥校园文化的育人功能,必须常态化加强校园文化建设,坚持大学文化发展的正确方向,丰富大学文化的内涵,提升大学文化的品位,必须坚持以马克思主义为引领,将习近平新时代中国特色社会主义思想、社会主义先进文化和社会主义核心价值观融入其中,以多种途径、方式传播和推广高校校园文化。

(一)坚持以马克思主义引领大学校园文化建设

马克思主义是我们党和国家的指导思想,是我们认识世界、把握规律、追求真理、改造世界的强大思想武器,也是引领高校校园文化建设的一面旗帜。校园是高校师生日常生活、学习和工作的主要空间,作为高校文化建设的重要阵地,校园文化对学生思想品格、道德素养、价值观念的养成具有潜移默化的熏陶作用。

要充分发挥校园文化的育人功能,必须坚持以马克思主义为引领,推动新时代大学校园文化建设,建设有特色、高品质的校园文化环境,引导大学生坚持正确的政治方向,在校园文化活动中增强大学生运用马克思主义的立场、观点和方法分析和解决问题的能力。

坚持以马克思主义引领大学校园文化建设,必须通过丰富多彩的校园文化活动,深入浅出地做好马克思主义的宣传与教育工作,主动讲好中国共产党治国理政的故事、中国人民奋斗圆梦的故事、中国坚持和平发展合作共赢的故事,增强学生的马克思主义理论素养。其中,最关键的是要把习近平新时代中国特色社会主义思想贯彻在大学校园文化建设的全过程中,在"学通""弄懂""做实"上下苦功夫,坚定"四个自信"、增强"四个意识",使大学生树立共产主义远大理想和中国特色社会主义共同理想,更加自觉地投身于新时代中国特色社会主义建设的伟大实践中。

(二)将习近平新时代中国特色社会主义思想融入校园文化建设中

将习近平新时代中国特色社会主义思想融入校园文化建设中,首先必须将习近平新时代中国特色社会主义思想与学校自然环境、历史文化、发展定位、人才培养要求等结合起来，建设整洁幽雅、美丽和谐、人文气息浓厚的校园环境。

其次，必须着力构筑宣传攻势，以校园报纸、杂志、广播、电视台、新媒体等平台为载体，通过思想宣传、舆论引导、榜样激励等，促进学生自觉学习和践行习近平新时代中国特色社会主义思想，丰富校园文化活动，以形式多样、格调高雅、内涵深厚的文艺晚会、比赛竞赛、节庆纪念等，使学生在轻松愉悦的环境中接受习近平新时代中国特色社会主义思想的熏陶，并在活动参与中逐步实现个人成长和全面发展。

再次，必须把习近平新时代中国特色社会主义思想融入校园朋辈教育，以学生党团组织、社团组织为载体，积极探索有效途径，发挥朋辈群体感染浸润作用，并通过调研走访、参观考察、公益服务等形式增强感染力和号召力，让学生在亲身实践中、在与同辈的交往活动中潜移默化地学习领会并践行习近平新时代中国特色社会主义思想。

（三）将社会主义先进文化融入校园文化建设中

社会主义先进文化是人类文明的产物，它是以马克思主义为指导思想，以"面向现代化、面向世界、面向未来"为特点，以"民族的、科学的、大众的"为发展方向，以培养"有理想、有道德、有文化、有纪律"的"四有"新人为目标的优秀文化，理所当然具有提升人的精神境界，促进人的自我发展和自我完善的育人功能。高校校园文化是社会主义先进文化的重要组成部分，社会主义先进文化是引领校园文化育人的思想基础和精神保障。

在高校校园文化建设中融入社会主义先进文化的内容，建设体现社会主义特点、时代特征和大学特色的校园文化，不仅能够保证校园文化建设正确的政治方向和文化发展方向，而且能够满足大学生日益增长的精神文化需求的迫切需要。将社会主义先进文化融入校园文化建设，必须深入挖掘高校校风、教风、学风、班风与社会主义先进文化相契合的相关要素，在正面灌输的基础上，将社会主义先进文化的内涵和价值有机地融入其中，这是为培养社会主义合格建设者和可靠接班人提供强大精神动力的必然之举，也是增强大学生认知、认同和践行社会主义核心价值观的重要抓手与途径。

（四）将社会主义核心价值观融入高校校园文化建设

文化育人，最根本的就是利用各种文化现象和文化形态中所蕴含的价值观对人的影响，坚持以文化人、以文育人。高校校园文化建设的最高目标是帮助或促使大学生形成科学而正确的价值观，而这只有在社会主义核心价值观的引领下才能够实现。高校校园文化是一种优质的育人载体，其中所蕴含的精神气质、价值观念必然影响大学生的价值取向，引导大学生正确的世界观、人生观、价值观的养成。社会主义核心价值观在党和国家事业中居于灵魂位置，在社会主义先进文化中具有精髓意义，在中国特色社会主义发展中起着决定方向的关键作用。

因此，高校校园文化育人和高校校园文化建设，必须将社会主义核心价值观融入其中，要从为中国特色社会主义事业培育什么人、怎样培育人的政治高度，以总体的眼光和全局的视野开展大学生核心价值观培育,加大对社会主义核心价值观的宣传力度,广泛而细致地开展各种核心价值观教育,通过营造有利于培育和弘扬社会主义核心价值观的生活场景和社会氛围,使其转化为大学生的情感认同和行为习惯,勤学、修德、明辨、笃实,努力成为社会主义核心价值观的积极践行者,引导大学生对国家、对社会以及对学校的价值观认同,从而坚定理想信念,厚植爱国主义情怀,着力培养有德行、有情操、有情怀的人。

第四章 "三全育人"理念下"立德树人"文化的实现

第一节 "立德树人"的本质内涵

党的十九大报告作出的"中国特色社会主义进入新时代"的重大政治论断,为中国共产党的历史使命赋予了新的时代内涵,也赋予新时代文化育人新的理论遵循和新的目标任务。党的十八大报告中首次提出"立德树人",并把它作为教育的根本任务和目标。教育是国之大计、民族大计,教育的使命在于传承文明、传授知识、培养能力、陶冶情操,不断提高人才培养质量。

文化是大学人才培养的重要载体,是大学的灵魂,文化育人功能在高校落实立德树人目标中具有重要的引领作用,立德树人的提出,是高等教育重新回到培养人的本位上来,推动高等教育的内涵式发展的要求,是办好中国特色社会主义高校的立身之本,是当代高等教育的生命和灵魂,也是高校的"生命线"。

立德树人是对"培养什么人"以及"怎样培养人"的一种积极回应,它不仅是高校的培养目标和任务,也是全社会文化育人的目标和任务。立德树人,简言之,就是力求培养社会所需要的德才兼备、德智体美劳全面发展的、担当民族复兴大任的时代新人。人无德不立,育人的根本在于立德,这是人才培养的辩证法。

立德树人是凝聚价值理念、达成思想共识的目标导向和根本遵循。注重以文化人、以文育人,让中华民族崇真向善的德心永在、优秀的精神基因永续。"社会发展以人的发展为归宿,人的发展以精神文化为内核",文化滋养心灵,文化涵育德行,文化引领风尚。立德树人是新时代一切工作的出发点和落脚点,也是新时代文化育人的终极目标。

"立德树人"的语境宏阔、语意深远。简而言之,立德,就是坚持德育为先,通过正面教育来引导人、感化人、激励人；树人，就是坚持以人为本，通过合适的教育来塑造人、改变人、发展人。"立德树人"强调以德立人，树人以德，这既是教育的目标，也是教育的初心。历代教育家都强调：教育之本在于树人，树人之要在于立德。

无数事实证明，"德"不可能自然形成而必需"立"，立育人之德，"立德树人所立的'德'，不仅是指道德品质和道德能力，还包括理想信念、人生价值追求和法律素养等，它是一个人的思想政治素质的综合体现，是一个人世界观、人生观、价值观、道德观、法制观的集中反映"；"人"不可能自发成才，而必需"树"，树有德之人。

"立德"与"树人"是一体两面，立德是树人的前提和基础，树人是立德的目标和追求，二者互为因果，互相依存，有机统一于教育过程和教育目标之中。落实立德树人这一根本任务，必须明确"立什么德""树何种人""如何立德树人"，才能将立德树人落地生根。只有把握立德树人的本质内涵，才能真正回答"培养什么人、怎样培养人、为谁培养人"这一教育事业的根本问题。

一、"立德"

"立德"一词最早可追溯到《左传·襄公二十四年》："太上有立德，其次有立功，其次有立言，虽久不废，此之谓不朽"，"立"即树立，"德"指道德，"立德"即树立德业，将德性深入人心、根植人心。"立德"被排在"三不朽"之首。任何社会都强调"立德"的重要性。孔子讲的"子欲为事，先为人圣""德才兼备，以德为首""德若水之源，才若水之波；德若木之根，才若木之枝"；《周易》中的"天行健，君子以自强不息；地势坤，君子以厚德载物"；孟子要求的将"良知""良能"加以扩充，发展成为仁、义、礼、智等内心道德；宋明理学家的"革尽人欲，复尽天理，方始是学""尽我之心，便与天同，为学只理会此""为天地立心，为生民立命，为往圣继绝学，为万世开太平"，等等，都成为中国古代"立德"的典范。

苏霍姆林斯基指出："培养全面发展的、和谐的个性的过程，就在于教育者在关心人的每一个方面特征的完善的同时，任何时候也不要忽略这样一种情况，即人的所有各方面特征的和谐，都是由某种主导的，首要的东西所决定的。在这个和谐里起决定作用的、主导的成分就是道德。"爱因斯坦也说过："用专业知识教育人是不够的，通过专业教育，他可以成为一个有用的机器，但是不能成为一个和谐发展的人。"因此，在加强专业知识教育的同时，更需要加强道德规范的教育。德是人之魂，人无德不立。《资治通鉴·周纪一》中说"才者，德之资也；德者，才之帅也"。"立德"首先要明确"立什么德"的问题。

（一）立"人之为人"的德

德是"人之为人"的根本，是人不同于动物界的社会性生存的标志所在，正如《大学》所讲，"德者，本也"，强调道德、品行是做人的根本。孟子说："人之所以异于禽兽者几希，庶民去之，君子存之。"（《孟子·离娄下》）意思是说，人和禽兽存在着很小的差别，普通百姓抛弃了它，有道德的人却保持了它。这说明道德才是"人之为人"的最后的和最高的标志，人的本性就是具有德性，只有德性才能凸显人之所以成其为人的内在理由。人性中包含着成为人的共同德性，即人性的善。如孟子所言，"恻隐之心，人皆有之；羞恶之心，人皆有之；恭敬之心，人皆有之；是非之心，人皆有之。恻隐之心，仁也；羞恶之心，义也；恭敬之心，礼也；是非之心，智也。仁义礼智，非由外铄我也，我固有之也"（《孟子·告子上》）。

如果失去仁爱之心、失去道德本性，那么人与禽兽就相去不远了，德性能否在人的行为中被体现出来，直接决定一个人的人格高下，故孟子讲："仁也者，人也"（《孟子·告子上》），强调作为人，最起码的是必须具备仁德。荀子也讲："水火有气而无生，草木有生而无知，禽兽有知而无义，人有气、有生、有知，亦且有义，故最为天下贵也。"（《荀子·王制》）蔡元培先生说过："若无德，则虽体魄智力发达，适足助其为恶，无益也。"以上论述都表明，人之为人，需先立德，否则无异于禽兽、草木。

（二）明大德、守公德、严私德

"明大德"是根本，"守公德"是源泉，"严私德"是关键。因此，德是首要、是方向，"道德之于个人、之于社会，都具有基础性意义，做人做事第一位的是崇德修身"，立德就是要培养人们高尚的道德品格。大德，是个体对国家、民族的情感；明大德，就是要"把自己的理想同祖国的前途、把自己的人生同民族的命运紧密联系在一起，扎根人民，奉献国家"，就是要立意高远，立志报效祖国、服务人民。

公德，是人类在长期社会实践中逐渐形成的、要求全体社会成员必须共同遵守的准则，是社会普遍公认的最基本的行为规范；守公德，就是要自觉履行现代社会对个体的道德价值要求，要甘于奉献。私德，是对个体行为的严格约束，崇德向善隐含于人们日常的言行举止中；严私德，就是要守规矩，严于律己、修身养性。"明大德是国家之根本，守公德是社会之大势，严私德是个人之操守，无数个体的私德水准，夯实了社会的公德根基，筑起了高耸的大德大厦。""立德"就是要以大德铸魂、以公德养心、以私德润身。

（三）以"四德"为着力点

根据《新时代公民道德建设实施纲要》要求，新时代"立德"必须把社会公德、职业道德、家庭美德、个人品德建设作为着力点。社会公德建设主要是推动践行以文明礼貌、助人为乐、爱护公物、保护环境、遵纪守法为主要内容的道德建设，鼓励人们在社会上做一个好公民；职业道德建设主要是推动践行以爱岗敬业、诚实守信、办事公道、热情服务、奉献社会为主要内容的道德建设，鼓励人们在工作中做一个好的建设者；家庭美德建设主要是推动践行以尊老爱幼、男女平等、夫妻和睦、勤俭持家、邻里互助为主要内容的道德建设，鼓励人们在家庭里做一个好成员；个人品德建设主要是推动践行以爱国奉献、明礼遵规、勤劳善良、宽厚正直、自强自律为主要内容的品德建设，鼓励人们在日常生活中养成好品行。

社会公德、职业道德、家庭美德、个人品德是新时代所要树立的"德"，新时代文化育人，必须加强"四德"建设，推动全民道德素质和文明程度达到一个新高度。因此，必须广泛开展理想信念教育，筑牢全民理想信念之基；必须持续深化社会主义核心价值观宣传教育，引导人们把社会主义核心价值观作为明德修身、立德树人的根本遵循；同时，必须传承中华传统美德，弘扬民族精神和时代精神。

二、"树人"

"树人"一词可追溯于《管子·权修》中记载的"一年之计，莫如树谷；十年之计，莫如树木；终身之计，莫如树人"。"树人"就是有意识地塑造人才、打造人才的过程。"树人"首先要明确"树何种人"的问题。

（一）树"德智体美劳全面发展的人"

所谓"全面发展的人"，就是德智体美劳等方面全面发展，德才兼备，具有较高的综合素质的人才。1999年《中共中央国务院关于深化教育改革，全面推行素质教育的决定》中，又提出"造就'有理想、有道德、有文化、有纪律'的、德智体美等全面发展的社会主义事业建设者和接班人"，这里将"美"（美育）也作为培养目标列入其中；"德智体美劳全面发展"的思想，是对马克思主义人的全面发展思想的继承和发展，马克思主义关于"人的本质"理论认为，人是社会关系的总和，而维持人与人之间的良好关系，就需要建立起道德规范，在立德树人中，把"德"放在"人"之前，阐明了德与人的关系。

马克思在《资本论》中从分工考察人的发展，批判了资本主义工场手工业人的片面发展，提出了大工业社会人的全面发展的理念："未来教育对于所有已满一定年龄的儿童来说，就是生产劳动同智育和体育相结合，它不仅是提高社会生产的一种方法，而且是造就全面发展的人的唯一方法"，特别强调了劳动教育与智育、体育相结合的思想。

2020年3月中共中央、国务院发布的《关于全面加强新时代大中小学劳动教育的意见》中，对劳动教育性质和基本理念，劳动教育目标和内容，劳动教育途径、关键环节和评价，学校劳动教育的规划与实施，劳动教育条件保障与专业支持都作了详细的指导，强化劳动精神、劳动观念教育，引导和鼓励社会成员热爱劳动、尊重劳动，懂得劳动最光荣、劳动最崇高、劳动最伟大、劳动最美丽的道理。随着国际竞争的日益激烈和技术创新的需求，人才的作用越来越突出。面对新的形势，国家发展需要的人才不仅要求具备丰富的知识、优秀的技能，更需要拥有坚定的理想信念、高尚的道德修养、健康的人格品质。只有德智体美劳各方面充分发展，才称为"人的全面发展"。

（二）树"担当民族复兴大任的时代新人"

每一代人有每一代人的使命，每一代人有每一代人的责任和担当。新时代的历史使命，就是实现"两个一百年"奋斗目标、实现中华民族伟大复兴的中国梦。实现中华民族伟大复兴是一项长期的历史任务，需要一代又一代人接续奋斗，时代新人必须心怀民族复兴梦想，自觉担当起这一历史重任，尽心竭力工作、不负时代重托，为中国特色社会主义伟大事业奉献智慧和力量。对此，党的十九大报告第一次明确提出："要以培养担当民族复兴大任的时代新人为着眼点，强化教育引导、实践养成、制度保障，发挥社会主义核心价值观对国民教育、精神文明创建、精神文化产品创作生产传播的引领作用，把社会主义核心价值观融入社会发展各方面，转化为人们的情感认同和行为习惯"，这是从新时代党和国家事业发展全局的战略高度，就新时代"培养什么人、怎样培养人、为谁培养人"这一根本问题提出的一项事关长远、事关基础的重大战略任务，为新时代中国特色社会主义的人才培养指明了目标方向、提供了根本遵循。

担当民族复兴大任的时代新人，必须是在思想水平、政治觉悟、道德品质、文化素养、精神状态等方面同新时代要求相符合的人，这是中国特色社会主义进入新时代对社会主义建设者和接班人的新要求，也是新时代实现中华民族伟大复兴对教育培养人的新要求。培养担当民族复兴大任的时代新人，最关键的是要用坚定的理想信念筑牢精神之基，即筑牢对马克思主义的信仰，对社会主义和共产主义的信念，对中国特色社会主义道路、理论、制度、文化的自信。"大学是立德树人、培养人才的地方，是青年人学习知识、增长才干、放飞梦想的地方"，因此必须抓住青少年成长的关键时期，引导他们扣好人生第一粒扣子，否则，倘若理想信念动摇，世界观、人生观、价值观就会全面退步，本事再大也担当不起民族复兴大任。理想与信念、责任与担当，既是大学生自身成长、成才、成人的需要，更是国家前途命运、民族希望和社会发展的需要。

（三）树"社会主义建设者和接班人"

古今中外，每个国家都是按照自己的政治要求来培养人的，世界一流大学都是在服务自己国家发展中成长起来的。我国社会主义教育就是要培养社会主义建设者和接班人"；培养社会主义建设者和接班人，是中国特色社会主义教育的根本目的，也是新时代教育的重要目标之一。社会主义建设者和接班人，既要有高尚品德，又要有真才实学。

对如何培养社会主义建设者和接班人，要在六个方面下功夫：坚定理想信念、厚植爱国主义情怀、加强品德修养、增长知识见识、培养奋斗精神、增强综合素质。

只有在坚定理想信念上下功夫，增强学生的"四个自信"，才能让他们立志肩负起民族复兴的时代重任。

只有在厚植爱国主义情怀上下功夫，教育引导学生坚持爱国和爱党、爱社会主义相统一，才能让他们立志听党话、跟党走，立志扎根人民、奉献国家。

只有在加强品德修养上下功夫，教育引导学生培育和践行社会主义核心价值观，才能让他们成为有大爱、大德、大情怀的人。

只有在增长知识见识上下功夫，教育引导学生增长见识、丰富学识，才能让他们沿着求真理、悟道理、明事理的方向前进。

只有在培养奋斗精神上下功夫，教育引导学生历练敢于担当、不懈奋斗的精神，才能让他们做到刚健有为、自强不息。

只有在增强综合素质上下功夫，教育引导学生培养综合能力，才能让他们德智体美劳全面发展。

第二节 "立德树人"理念的提出

"立德树人"事关培养什么人、怎样培养人以及为谁培养人的根本问题。由于历史阶段不同、使命任务不同、国际国内环境不同,教育方针对培养目标的具体规定也会有所差异,但在教育目标上,主旋律始终是坚持德育统领,让受教育者在德智体美劳诸多方面获得全面发展。从新中国成立之初的"民族的、科学的、大众的文化教育",到改革开放之时的"培养'四有'新人",再到新时代的"德智体美劳全面发展的社会主义建设者和接班人","立德树人"理念不断发展和成熟。这一理念的提出,大致可以划分为三个阶段。

一、"萌芽"阶段(中华人民共和国成立——改革开放)

中华人民共和国的成立,开创了中华民族历史新纪元,也揭开了中国教育事业发展的新篇章。新中国成立之初,百废待兴,教育的复兴也是一项重要的工作,"培养什么样的人",成为教育事业面临的首要问题。为了尽快改变文化教育落后的局面,党和政府高度重视教育事业,确立了党的教育方针,明确了党的教育的社会主义教育方向。

1949年9月,新中国成立前夕,中国人民政治协商会议第一次会议通过的《中国人民政治协商会议共同纲领》第五章"文化教育政策"中明确规定:"中华人民共和国的文化教育为新民主主义的,即民族的、科学的、大众的文化教育。人民政府的文化教育工作,应以提高人民的文化水平,培养国家建设人才,肃清封建的、买办的、法西斯主义的思想,发展为人民服务的思想为主要任务",在此,明确提出了"培养国家建设人才"的树人目标。

为了贯彻这一方针,1949年12月召开的第一次全国教育工作会议上,明确了新中国教育工作是"为人民服务,首先为工农服务,为当前的革命斗争与建设服务"的新民主主义教育理念,其中并未对道德品质作出明确要求和具体规范。

1950年6月,教育部召开的第一次全国高等教育会议指出:"新中国的高等教育必须以理论与实际一致的方法,培养具有高度文化水平、掌握现代科学和技术成就的、全心全意为人民服务的、高级的国家建设人才",这次会议对高等教育目标提出了方向性要求,进一步把"培养高级的国家建设人才"作为"树人"目标。直到1954年2月,周恩来总理在政务会议上提出"我们向社会主义、共产主义前进,每个人要在德、智、体、美等方面均衡发展",才明确把"德"与"智""体""美"并列起来,作为教育发展目标提了出来。

1958年9月,中共中央国务院《关于教育工作的指示》正式规定:"党的教育工作方针,是教育为无产阶级政治服务,教育与生产劳动相结合",同时指出"教育的目的,是培养有社会主义觉悟的有文化的劳动者";1961年,《教育部直属高等学校暂行工作条例

(草案)》("高教六十条")中提出,"教育必须为无产阶级政治服务,必须同生产劳动相结合,使受教育者在德育、智育、体育几方面都得到发展,成为有社会主义觉悟的有文化的劳动者"。培养有社会主义觉悟的有文化的劳动者,成为这一阶段立德树人的主要任务,至此,德育与智育、体育一起受到重视,并正式写入教育的相关文件。

二、"发展"阶段(改革开放——党的十八大)

进入改革开放新时期,在坚持以经济建设为中心、解放和发展社会生产力的过程中,教育的发展也迎来了新的契机,实施什么样的教育、培养什么样的人才成为教育界重点思考和关注的问题。1978年全国人大五届一次会议通过的《中华人民共和国宪法》中规定,"国家大力发展教育事业,提高全国人民的文化科学水平。教育必须为无产阶级政治服务,同生产劳动相结合,使受教育者在德育、智育、体育几方面都得到发展,成为有社会主义觉悟的有文化的劳动者"。这一规定,明确了德育、智育、体育的发展要求,并提出"有社会主义觉悟的有文化的劳动者"的树人目标;1981年6月党的十一届六中全会通过的《关于建国以来党的若干历史问题的决议》提出:"坚持德智体全面发展、又红又专、知识分子与工人农民相结合、脑力劳动与体力劳动相结合的教育方针"。

同年11月召开的五届人大四次会议《政府工作报告》中再次重申,"我们教育的基本方针是明确的,这就是使受教育者在德育、智育、体育几方面都得到发展,成为有社会主义觉悟的有文化的劳动者和又红又专的人才,坚持脑力劳动与体力劳动相结合,知识分子与工人农民相结合",这一方针明确"受教育者在德育、智育、体育几方面都得到发展"的要求,并提出"有社会主义觉悟的有文化的劳动者和又红又专的人才"的成才目标。

社会主义现代化建设的宏伟任务,要求中国的教育必须放手使用和努力提高现有人才,而且必须极大地提高全党对教育工作的认识,在此背景下,1982年9月召开的党的"十二大"上,明确提出"要教育青年有理想、有道德、有文化、有纪律的问题"("四有新人");1983年9月,邓小平同志给北京景山学校题词中,又提出"教育要面向现代化,面向世界,面向未来"("三个面向")。至此,"三个面向"和"四有新人"既是具体要求,也是具体规范,成为改革开放新时期立德树人的主要任务。

1987年5月,中共中央《关于改进和加强高等学校思想政治工作的决定》中指出:"高等学校培养出来的大学生、研究生,……应当自觉遵纪守法,有良好的道德品质,应当勤奋学习,努力掌握现代科学文化知识",强调道德品质在人才培养中的重要性;1988年3月七届人大一次会议的《政府工作报告》、1991年的全国教育工作会议、1993年2月中共中央国务院印发的《中国教育改革和发展纲要》分别强调了"培养德智体全面发展的建设者和接班人"的立德树人目标。

1995年3月,这一方针被写入《中华人民共和国教育法》,用法律的形式被确定下来;1999年,《关于深化教育改革,全面推进素质教育的决定》强调实施素质教育,丰富了立德树人的理论内涵;党的十六大进一步强调"培养德智体美全面发展的社会主义建设者和接班人";党的十七大进一步指出"坚持育人为本、德育为先,实施素质教育,提高教育现代化水平,培养德智体美全面发展的社会主义建设者和接班人"。

"育人为本、德育为先""德、智、体全面发展的建设者和接班人"都直指"立德树人"根本目标,立德树人内涵不断丰富和发展,地位不断提升。"立德树人"根本目标为建立适应社会主义市场经济体制和政治体制、科技体制改革需要的教育体制,更好地为社会主义现代化建设服务提供了指引和遵循。

三、"确立"阶段(党的十八大以来)

进入新时代,经济全球化、信息化、文化多元化使社会道德面临着严峻挑战。鉴于此,2012年11月,党的十八大报告提出:"全面贯彻党的教育方针,坚持教育为社会主义现代化建设服务、为人民服务,把立德树人作为教育的根本任务,培养德智体美全面发展的社会主义建设者和接班人。"这是在"十七大"提出的"坚持育人为本、德育为先"教育理念的基础上深化和发展,也是首次将"立德树人"作为教育的根本任务确立下来,强调以文化育人、以德育人,培养德智体美全面发展的新时代人才的重要性,体现了党对如何培养人这一教育本质的新认识。2017年10月,党的十九大报告进一步提出:"要全面贯彻党的教育方针,落实立德树人根本任务,发展素质教育,推进教育公平,培养德智体美全面发展的社会主义建设者和接班人",再次重申培养德智体美全面发展的社会主义建设者和接班人的重要性。

为更好地落实立德树人这一根本性、全局性的目标和任务,中共中央办公厅、国务院办公厅印发了《关于深化教育体制机制改革的意见》(2017年8月)、《关于深化新时代学校思想政治理论课改革创新的若干意见》(2019年8月)等相关文件,从顶层设计上,对健全立德树人的落实机制,思政课在立德树人中的重要作用等,作出了明确的规定和具体的要求,指明了教育要紧紧围绕立德树人的根本任务来实施文化育人的发展方向。

第三节 "立德树人"与文化育人的关系

"立德树人是高校思想政治工作的中心环节,是凝聚价值理念、形成思想共识的目标导向和根本遵循",立德树人是发展中国特色社会主义教育事业的核心所在,是培养德智体美劳全面发展的社会主义建设者和接班人的本质要求,也是高校文化育人工作的主线和中心环节,文化育人成效的高低,取决于人才培养的质量和素质。十年树木,百年树人,德育为本,德育为先,高校的立身之本就在于立德树人。立德树人与文化育人是一体两面,不可分割,文化为实现立德树人的根本任务提供强大的精神动力,新时代文化育人工作只有围绕"立德树人"的根本任务,并且把"立德树人"贯穿于以文化人、以文育人的教育理念之中,始终以社会主义核心价值观为引领,才能充分发挥文化育人的效能。

一、文化育人与立德树人的内在关联

在文化育人中,文化是灵魂,育人是目标,文化育人是落实立德树人根本任务的有效载体和重要途径,立德树人是新时代文化育人的根本出发点和最终目标。文化育人和立德树人相辅相成,一体两面,共同统一于全面发展的人才培养过程之中。落实立德树人作为根本任务,需要加强思想政治教育、提升育人的文化内涵。恩格斯曾指出,"就单个人来说,他的行动的一切动力,都一定要通过他的头脑,一定要转化为他的意志的动机,才能使他行动起来",同理,文化也只有内化为育人的力量,才能更好地为立德树人服务。

(一)文化育人与立德树人是一体两面

"文化"是人才培养的途径与内容,"育人"是人才培养的目的和归属;"立德"与"树人"是新时代人才培养的终极目标。文化先天具有育人功能,教育者通过文化的方式、文化的手段,以及文化的内容,能够对受教育者的思想道德、价值判断、思维方式、行为方式、生活习惯等,实施潜移默化的影响。"育人"与"树人"的出发点和最终的目标指向都是"人",是人的培养与教育问题。新时代立德树人和文化育人的目标也是相一致的,本质上都是培养人、塑造人的活动,最终目的都是为了培养德智体美劳全面发展的人。文化育人的基本内涵就是通过文化促进人全面、自由、充分、和谐、健康地发展,实现立德树人的根本目标。文化育人是为了立德树人,立德树人归根结底就是文化育人,通过以文化人、以文育人,帮助人们树立正确的世界观、人生观、价值观。

立德树人和文化育人是一个问题的两个方面,"你中有我,我中有你",二者具有同向同行的价值引导作用。文化育人是新时代立德树人得以实现的重要突破口,立德树人是新时代文化育人的根本目标。尤其是在高校教育中,必须始终以立德树人统领文化育人的各项举措,把立德树人贯穿到高校物质文化、制度文化、精神文化、行为文化建设的方方面面,不断强化高校文化育人功能,丰富文化育人策略体系,切实发挥育人功能这一高等教育的本体功能,提高人才培养质量,真正将立德树人的目标落到实处。

(二)文化育人是立德树人的有效载体

"立德树人"要解决的是"如何立德、立何种德、如何树人、树什么样的人"的根本问题;而"文化育人"既要回答"如何育人"的问题,又要解决"育何种人"的问题。文化包含着知识、制度、行为规范、思维方式、价值观念、生活方式等一系列丰富的内容,新时代要落实立德树人的根本任务,就必须有效地实现以文化育人。

文化育人就是坚持育人为先,以马克思主义为指导,将理想信念、社会主义核心价值观、中华民族优秀传统文化、中国革命文化、社会主义先进文化等丰富的文化内容融入育人的全过程,培养德智体美劳全面发展的、能够担当民族复兴大任的社会主义事业建设者和接班人,从而实现立德树人的根本任务和最终目标。

文化育人实质上指明了落实立德树人根本任务的途径与方法,即以文化的内容、通过文化的手段来培育人、教育人,从而达到全面发展的目标。可见,文化育人是一项多维度、多层次、系统性、复杂性的工作，是从文化的角度对立德树人工作的一种育人路径，也是实现立德树人的有效载体。

（三）立德树人是文化育人的根本目标

文化育人就是借助文化的力量，充分利用文化的优势，发挥文化的育人功能，注重文化浸润、感染、熏陶，既要重视显性教育，也要重视潜移默化的隐性教育，实现"入芝兰之室，久而自芳的效果"，最终实现用文化的方法塑造人、熏染人、发展人、完善人的德育目标，落实立德树人的根本任务。习近平提出："要深化教育体制改革，健全立德树人落实机制，扭转不科学的教育评价导向，坚决克服唯分数、唯升学、唯文凭、唯论文、唯帽子的顽瘴痼疾，从根本上解决教育评价指挥棒的问题"，在教育中要注入更多的"文化"元素，以文化人，不能"唯分数、唯升学、唯文凭、唯论文、唯帽子"。

立德树人也是新时代文化育人的价值归依，立德树人要融入文化知识教育，习近平强调"要把立德树人融入思想道德教育、文化知识教育、社会实践教育各环节，贯穿基础教育、职业教育、高等教育各领域，学科体系、教学体系、教材体系、管理体系要围绕这个目标来设计，教师要围绕这个目标来教，学生要围绕这个目标来学。凡是不利于实现这个目标的做法都要坚决改过来"。

对高校而言，文化建设要注重树立高校理想、培育高校精神、追求高校价值，既注重发扬学校办学过程中形成的办学精神和文化品位，又注重吸收现代高校的办学理念与思想精华，通过系统的高校文化建设，不断提升高校文化实力，切实发挥高校文化立德树人的育人功能和教育意蕴，关注对学生社会责任感的培养，推进文化传承创新，发挥文化育德作用，文化育德即是通过"文化"的途径实现立德树人。

二、文化育人和立德树人理念的一致性

文化育人和立德树人，都强调通过各种方式、手段和内容引导人、感化人、激励人、教育人、塑造人，从而培养全面发展的人才，二者都是以马克思主义为指导、以社会主义核心价值观为引领、以理想信念为方向、以中华优秀传统文化为根基、以革命文化为灵魂、以社会主义先进文化为活力、以道德教育为核心内容，因而，在育人理念上是一致的。

（一）以马克思主义为指导

文化育人和立德树人都强调文化的育人作用，都以文化为主要的育人手段，这种育人的文化、树人的文化是以马克思主义思想为指导的。以马克思、恩格斯为代表创立的原生态马克思主义表现形式，以及具有中国特色的中国化马克思主义（包括毛泽东思想以及邓小平理论、"三个代表"重要思想、科学发展观、习近平新时代中国特色社会主义思想），作为一整套科学的理论体系，对文化的发展具有指导性作用。

这种指导作用既是马克思主义本身所具有的科学性、革命性和实践性决定的，也是因为中国已经在马克思主义指导下成功地进行了长期的革命和建设，其中包括文化建设，积累了丰富的经验。尤其是进入新时代，以习近平同志为核心的党中央以高度的文化自觉和

文化自信，坚持马克思主义的指导地位，牢牢把握社会主义先进文化的前进方向，大力发展了面向世界、面向现代化、面向未来的，民族的、科学的、大众的中国特色社会主义先进文化。随着时代的发展和社会的进步，马克思主义对文化的指导作用始终未变，在实施文化育人和落实立德树人中，也必须始终以马克思主义为指导，尤其要以习近平新时代中国特色社会主义思想为统领。

（二）以社会主义核心价值观为引领

文化育人和立德树人都蕴含着价值追求，价值观念本身也是文化中最核心、最根本的部分，文化的先进性首先体现在价值观念的先进性上，社会主义核心价值观凝练着中国特色社会主义先进文化的理论成果，是全国人民价值观的最大公约数，因此，以社会主义核心价值观为引领就成为了文化育人和立德树人的题中应有之义，文化育人和立德树人都要将培育和践行社会主义核心价值观作为重点和核心，坚持"育人""树人"导向。

社会主义核心价值观是当代中国精神的集中体现，凝结着全体人民共同的价值追求，将社会主义核心价值观融入教育全过程，引导学生牢牢把握富强、民主、文明、和谐作为国家层面的价值目标，深刻理解自由、平等、公正、法治作为社会层面的价值取向，自觉遵守爱国、敬业、诚信、友善作为公民层面的价值准则，将社会主义核心价值观内化于心、外化于行，理所当然成为文化育人和立德树人的应然举措。

新时代文化育人，就是要将中华优秀传统文化、中国革命文化、社会主义先进文化融入育人的全过程，发挥文化的教化作用，推动社会主义核心价值观入脑入心，更好地落实立德树人的根本任务。党的十九大报告明确指出："要以培养担当民族复兴大任的时代新人为着眼点，强化教育引导、实践养成、制度保障，发挥社会主义核心价值观对国民教育、精神文明创建、精神文化产品创作生产传播的引领作用"，这就为实施文化育人和落实立德树人过程中培育和践行社会主义核心价值观提供了行动指南。

（三）以理想信念为方向

培养什么人、怎样培养人、为谁培养人，是文化育人和立德树人都不可回避的根本性问题，也是一切教育工作的出发点和最终落脚点，而理想信念教育是坚持文化育人和落实立德树人根本任务的关键环节。理想指引人生方向，信念决定事业成败，理想信念对人生的吸引力和凝聚力，是内在的、强大的、持久的，实现文化育人和落实立德树人都必须紧紧围绕理想信念教育这个中心环节和政治灵魂，打牢理想信念的思想根基，把准培养方向，使坚定的理想信念作为指引和支撑青年学生成长发展的"精神之钙"。

实施文化育人和落实立德树人，就必须深入学习贯彻习近平总书记关于文化育人、立德树人、理想信念、精神支柱等思想观点的论述，围绕文化育人和立德树人的目标任务，培养青年学生执着的理想信念，让他们牢固共产主义远大理想和中国特色社会主义共同理想，坚定对社会主义和共产主义的信念，增强中国特色社会主义道路自信、理论自信、制度自信、文化自信，把自己的理想同实现"两个一百年"奋斗目标和中华民族伟大复兴的中国梦结合起来。

第四节 以文化育人实现"立德树人"目标的路径探索

文化育人是落实立德树人根本任务的重要途径和有效载体,应高度注重文化育人,以达到培养德智体美劳全面发展的、能担当民族复兴大任的社会主义建设者和接班人的目标。

一、充分发挥文化育人在立德树人中的作用

新时代文化育人必须把立德树人的理念内化到文化育人的各领域、各方面、各环节,以文化人、以文育人,充分发挥文化在启迪智慧、启蒙思想、陶冶情操、塑造人格和修养价值等方面的重要作用。

(一)夯实文化育人的基础

要发挥文化育人在立德树人中的作用,首先必须明确,用以"育人""树人"的文化的性质,必须是体现人类社会发展方向的社会主义先进文化,这是文化育人的基础和前提,这个基础和前提,从根本上决定了文化育人的效果和立德树人的成败。

因此,"在当代中国,'化人'之'文'必须以马克思主义为指导,来保证'文'的方向;必须以社会主义核心价值观为灵魂,来滋养'文'的生命;必须以中华优秀传统文化为命脉,来传承'文'的基因;必须以其他民族的一切优秀文化为借鉴,来丰富'文'的涵养",这其中,最重要的化人之"文"就是中国特色社会主义文化。中国特色社会主义文化之所以成为文化育人的基础,是它的先进性、历史使命、育人导向、实践品格所决定的。能够发挥育人作用的文化一定是高品质、高水准的文化,能够为培养德智体美劳全面发展的人提供文化支撑和实践指导,为文化育人提供扎实的根基和土壤,为实现立德树人的育人目标提供巨大的精神动力。

(二)发挥主流文化的育人作用

新时代,能够发挥"育人""树人"作用的主流文化,是中国特色社会主义文化。中国特色社会主义文化,源自中华民族五千多年文明历史所孕育的中华优秀传统文化,熔铸于党领导人民在革命、建设、改革中创造的革命文化和社会主义先进文化,植根于中国特色社会主义伟大实践。

因此,必须挖掘中华优秀传统文化强大的德育功能,充分发挥中华优秀传统文化教化人、培育人的作用,充分发挥中华优秀传统文化中礼乐教化、人伦纲常、修身齐家、治国理政、道德修养等思想内容的育人作用,增强文化育人效果,促进中华优秀传统文化与新时代立德树人深度融合。

必须有效利用中国共产党在长期革命和斗争实践中形成的革命文化资源,充分发挥中

国革命文化感召人、激励人的作用，将中国革命文化有机地纳入文化育人内容体系，用革命精神感召人，用革命故事激励人，用革命道理教育人，彰显中国革命文化的育人力量。

必须以中国化马克思主义理论尤其是习近平新时代中国特色社会主义思想为指导，充分发挥社会主义先进文化引导人、提升人的作用，将社会主义核心价值观、中国特色社会主义共同理想、"四个自信"、中国精神等先进文化作为思想引领，提升人的综合素养。

二、有效整合文化育人在立德树人中的不同资源

文化育人是教育过程中一个整体的、复杂的渗透过程，要增强文化育人的实效性，更好地落实立德树人根本任务，就需要整合文化育人在立德树人中的不同资源，形成文化育人合力。"个人只有通过置身于所处的时代之中，才能理解他自己的经历并把握自身的命运，他只有晓得他所身处的环境中所有个人的境遇，才能明了他自己的生活境遇"，米尔斯的这句话讲的就是资源整合的问题。

（一）整合不同育人要素

中共中央国务院印发的《关于加强和改进新形势下高校思想政治工作的意见》（31号文件）明确将"七个育人"列入加强和改进高校思想政治工作的基本原则，即"把思想价值引领贯穿教育教学全过程和各环节，形成教书育人、科研育人、实践育人、管理育人、服务育人、文化育人、组织育人的长效机制"。教育部印发的《高校思想政治工作质量提升工程实施纲要》中，又提出"十大育人"要素，提出要"充分发挥课程、科研、实践、文化、网络、心理、管理、服务、资助、组织等方面工作的育人功能，挖掘育人要素，完善育人机制，优化评价激励，强化实施保障，切实构建'十大'育人体系"。

可见，文化育人不是"单打独斗"的育人要素，要落实立德树人根本任务，增强文化育人实效，离不开学校内部课程、科研、实践、文化、网络、心理、管理、服务、资助、组织等不同育人要素的内部整合，必须加强各育人要素之间的联动，点线面相结合，课内与课外相结合，线上与线下相结合，要树立全面育人观，拓宽立德树人的面向，构建"大德育"体系。

科研育人、实践育人、服务育人、组织育人归根结底是文化育人，因而，整合不同的育人要素重点是要整合教书育人、课程育人、管理育人、服务育人、网络育人、心理育人、资助育人、文化育人，使之产生同频共振，实现"全员育人、全程育人、全方位育人"的全覆盖。教书育人和课程育人要求专业课教师不仅是"授业"者，还是"传道者"和"解惑者"，要求教师发挥育人的积极性、主动性、自觉性和创造性，自觉挖掘课程中所蕴含的德育资源，既教书，又育人，使学生在获取知识的同时，得到德性的滋养与涵育。

管理育人和服务育人就是要把思想教育工作融入日常管理和服务性事务中，它们也是全方位育人的重要环节，在科学严格的管理和细致入微的服务中，实现立德树人的根本任务。

网络育人就是要坚持党对意识形态工作的领导权，建好、用好、管好网络媒体，打造网络文化精品，发挥网络育人作用。

心理育人就是坚持育心与育德相结合，加强人文关怀和心理疏导，培养理性平和、积极向上的健康心态，促进心理健康素质与思想道德素质、科学文化素质协调发展。

资助育人就是把"扶困"与"扶智"结合起来，着力培养受助者自立自强、诚实守信、知恩感恩、勇于担当的良好品质。

总之，新时代育人工作，仅依靠文化育人未免势单力薄，必须整合各种育人要素，凭借整体的合力才能取得文化育人的实效，才能更好地落实立德树人的根本任务。

（二）整合不同育人力量

文化育人、立德树人是一项系统工程，是牵一发而动全身的工程，不是单一的力量、单一的群体能够完成的。《国家中长期教育改革和发展规划纲要（2010—2020 年）》中指出，要"充分调动全社会关心支持教育的积极性，共同担负起培育下一代的责任"。在文化育人实践中，社会、家庭、学校等多个主体共同参与育人过程，需要整合文化育人的不同力量，形成文化育人合力。恩格斯指出："许多人协作，许多力量结合为一个总的力量，用马克思的话来说，就造成'新的力量'，这种力量和它的一个个力量的总和有本质的差别。"同样，通过文化育人，落实立德树人，也需要许多人协作，许多力量结合，尤其是要发挥社会、家庭、学校的育人力量和育人作用。

从社会角度而言，一是必须充分发挥社会舆论的成风化人、敦风化俗的重要作用，以正确舆论营造良好道德环境，把正确价值导向和道德要求体现到社会各个领域中，加强对道德领域热点问题的引导，以事说理、以案明德，增强人们的法治意识、公共意识、规则意识、责任意识；二是充分发挥文艺作品和文化产品文以载道、文以传情、文以植德的功能，以优秀文艺作品和文化产品陶冶人们的道德情操，创作更多讲品位、讲格调、讲责任、讴歌党、讴歌祖国、讴歌人民、讴歌英雄、讴歌劳动、讴歌奉献的精品力作，润物无声地传播真善美，弘扬崇高的道德理想和道德追求，达到温润心灵、启迪心智、引领风尚的育人效果；三是充分发挥榜样的身教示范作用，以先进模范引领道德风尚，通过广泛宣传他们的先进事迹和突出贡献，树立鲜明时代价值取向，彰显社会道德高度，使全社会学有榜样、行有示范，形成见贤思齐、争当先进的生动局面。

从家庭角度而言，新时代文化育人必须充分发挥家庭对人的启蒙作用，用良好家教、家风涵育道德品行。家庭是社会的基本细胞，是道德养成的起点，文化育人离不开家庭环境的熏陶和影响，因此，在家庭教育中，既要弘扬中华民族传统家庭美德，又要倡导现代家庭文明观念，形成爱国爱家、相亲相爱、向上向善、共建共享的社会主义家庭文明新风尚，让美德在家庭中生根、在亲情中升华。

在文化育人中，要采取多种方式，引导广大家庭重言传、重身教，教知识、育品德，以身作则、耳濡目染，用正确道德观念塑造孩子美好心灵；自觉传承中华孝道，感念父母养育之恩、感念长辈关爱之情，养成孝敬父母、尊敬长辈的良好品质；倡导忠诚、责任、亲情、学习、公益的理念，让家庭成员相互影响、共同提高，在为家庭谋幸福、为他人送温暖、为社会作贡献的过程中提高精神境界、培育文明风尚。

从学校角度而言，要充分发挥学校作为公民道德建设的重要阵地的作用，把立德树人贯穿学校教育全过程。在学校教育中，要全面贯彻党的教育方针，坚持社会主义办学方向，坚持育人为本、德育为先，把思想品德作为学生核心素养、纳入学业质量标准，构建德智体美劳全面培养的教育体系。学校教育要加强思想品德教育，把社会主义核心价值观和道德规范有效传授给学生，把道德要求、道德规范以及公民道德建设的内容和要求体现到各学科教育中，体现到学科体系、教学体系、教材体系、管理体系建设中，使传授知识过程成为道德教化过程。

（三）整合不同育人途径

整合不同育人途径，坚持协同育人，是立德树人取得实践成效的重要支撑。把立德树人融入思想道德教育、文化知识教育、社会实践教育各环节，贯穿基础教育、职业教育、高等教育各领域，学科体系、教学体系、教材体系、管理体系要围绕这个目标来设计，教师要围绕这个目标来教，学生要围绕这个目标来学，通过整合不同途径来共同完成立德树人根本任务的要求。

具体来说，一是要整合"三个课堂"，高校文化育人必须依托理论教学、校园文化活动、网络平台等载体，充分发挥思想政治理论课程作为主渠道的育人作用，实现第一课堂的价值引领功能；作为第一课堂的延伸，将校园文化、艺术、社团、实践等活动作为高校文化育人的第二课堂；同时要把互联网升级为文化育人的第三课堂，促进三个课堂、理论与实践在文化育人上的深度融合，协调互动。

二是要整合学科文化育人和校园文化环境育人，高校的学科文化通过学科知识传递的功能影响学生，实现教书育人的目的，通过对学科积淀的文化表达来彰显高校学科的特色优势和学科建设方向，对人才培养、科学研究、育人观念产生深远影响，从不同层面诠释高校的育人传统和办学取向；高校校园文化环境是立德树人根本任务实现中的重要一环，"人创造环境，环境也创造人"（马克思语），高校可以通过创建文明校园、先进班集体、文明宿舍等活动，发挥党团班文化、宿舍文化育人的辐射作用，让高雅艺术、先进理论、积极健康的文化进宿舍、进班级、进校园，形成良好的文化环境氛围，成为构建优良学风、舍风、班风、集体荣誉感和凝聚力的核心要素。

三、合理构建文化育人在立德树人中的有效机制

文化育人、立德树人是一项系统工程，在文化育人中必须以立德树人为根本宗旨，统筹协调不同要素、不同载体、不同途径的育人资源，统筹推进高校内部各系统之间以及高校与社会之间的协同配合，合理构建文化育人在立德树人中的有效机制。

（一）建立协调机制

构建文化育人的协调机制，主要是要构建不同育人力量、不同育人主体之间的关系。具体而言，一是要统筹协调文化育人与教书育人、科研育人、实践育人、管理育人、

服务育人、组织育人的关系，各种育人方式既要有明确的分工，又要有统一的行动，既有侧重，又有兼顾，不能顾此失彼，也不能齐头并进。

二是要统筹协调高校与社会、家庭之间的育人关系，以及学校内部各部门之间的育人功能的协调，文化对人的塑造与培育，高校只是其中一个体制化元素，而社会和家庭也是非常重要的育人力量和育人空间，因此，将高校、社会和家庭结成一张系统育人网络，建立和完善高校与社会、家庭之间的文化育人的协同机制，形成高校与家庭、社会协同的文化育人氛围至关重要。

三是要统筹协调高校内部不同育人主体之间的关系，做好教育管理者、思想政治工作者、学生工作队伍、专业课教师、思想政治理论课教师之间的协同，各司其职，各负其责，齐抓共管，协同配合，发挥联动作用，形成快捷高效的服务育人、管理育人、教书育人的合力机制和"全员育人、全过程育人、全方位育人"的工作新格局，高效地实现文化育人。

四是要协调不同育人力量的职责分工和合作，对高校而言，在育人机制中，党委发挥领导作用，专职思想政治工作者是中坚力量，全体教师是主导者，学生干部则是骨干力量；在文化育人中，要坚持在党委的统一领导下，党政齐抓共管、专职和兼职教育者相结合、学生骨干密切配合，形成协调配合的工作机制，如此，"立德树人"才能够取得较好的成效。

（二）完善考核机制

对高校而言，立德树人是立身之本，必须把立德树人的质量和效果作为检验一切工作的根本标准。教育部《关于深化高校教师考核评价制度改革的指导意见》中明确要求，要"坚持社会主义办学方向与遵循教育规律相结合，全面贯彻党的教育方针，以立德树人为根本任务，培养社会主义合格建设者和可靠接班人"。

在对教师的考核评价方面，提出要"以师德为先、教学为要、科研为基、发展为本为基本要求，坚持社会主义办学方向，坚持德才兼备，注重凭能力、实绩和贡献评价教师，克服唯学历、唯职称、唯论文等倾向，切实提高师德水平和业务能力，努力建设有理想信念、有道德情操、有扎实学识、有仁爱之心的党和人民满意的高素质、专业化教师队伍"。强调师德为先，要坚持以师德师风作为教师素质评价的第一标准，在教师考核、专业技术职务晋升、先进表彰与奖励等方面，要加强师德考核，通过激励性制度鼓励教师参与学生培养的各个环节，创造条件加强教师与学生的思想交流，培养专业课教师育德的强烈的使命感和责任感，实行一票否决制，促进教师精力首先集中在立德树人上，真正实现教书与育人的统一。

在对高校的考核评价方面，要将立德树人元素纳入职责要求和考核内容，制定激励措施，建立学校发展战略和办学理念首先在立德树人中实践、资源首先在立德树人中配置、教学条件首先在立德树人中使用等机制，使立德树人真正成为高校的中心工作。

总之，立德树人是中国特色社会主义大学的立身之本，是坚持社会主义办学方向最鲜明的政治底色，要充分发挥文化育人优势，把文化作为立德树人的重要内容，把立德树人的目标融入思想政治教育、文化知识教育、社会实践教育等各个环节，充分挖掘育人资源，丰富育人内容，积极探索育人路径，真正将立德树人落到实处。

第五章 "三全育人"理念下生态文化建设与文化育人的实现

第一节 高职院校生态文化建设与文化育人的关系

一、生态文化建设是思想政治教育的使命

在整个社会文化中,大学校园文化作为其中一个有机组成部分,发挥着十分重要的作用,其将重点放在了生态文明和人际关系的和谐相处上。工业文明逐渐深入到社会各个领域,其影响不仅表现在对环境和生态的破坏上,还体现在对物质的贪婪,使人被各种欲望控制,其中,大学生价值观的畸形化就是一个重要表现。所以,这就需要大学在塑造校园文化时,将建设社会主义学校作为办学目标,把社会主义核心价值观作为办学的指导思想,逐步提高大学生对生态环境、生态技能和生态文明理念的认识,从多方面、多角度提高学生的能力。

社会发展中的任何一种战略性的转变,都与大学密切相关,大学承载着文化创造与引领、价值澄清与批判的重要使命,并要求其为社会转变提供知识和人才,反映了社会对大学以及大学生的高度期望和价值认同。因为生态文化作为实现"绿色化"文明社会的意识载体,在追求理想的过程中,仅具有经验和一股激情是远远不够的,还需要有卓越的生态科学知识,要对人与自然关系有着正确的道德认识,只有这样,才能培养正确的生态文明观念。

加强大学生生态文化教育,不仅是帮助大学生深度理解生态文化含义的需要,也是帮助大学生树立正确的生态文明价值观的重要途径。在这一过程中,利用丰富的教育方式和相关实践活动加强大学生生态知识和能力水平,帮助大学生培养正确的生态价值观、强化

生态意识，让大学生有正确的生态道德认识，将大学生的科学知识和理性思想运用到生态上，为社会培养自觉遵守生态规律、节约社会资源的高素质人才，不断推进社会生态文明建设。

所以，大学在坚持教书育人的基础目标时，不仅要注重大学生生态知识和技能的培养，还要提高学生在社会各领域的生存和适应能力，增强其实践能力，从而起到带头作用，更好地发挥大学生在社会生态体系中的作用，为学生建设全面发展的课堂内容和环境，将提高大学生生态文明水平和生态实践能力作为目标，有助于打造节约型、生态绿色的大学校园环境。

二、生态文化是实现思想政治教育的重要途径

随着生态文明建设的深入推进，生态教育转变了传统的以思想政治教育为主的教育模式，它站在创新的角度，扩展了思想政治教育的内容和体系，将自身与整个人类社会的发展相结合，转变了传统的思想政治教育方式和理念。

（一）加快育人理念向生态型转变

育人理念在教育实践活动中发挥着不可或缺的指导作用，规定了教育实践活动的相关信念、价值观念和行为规范。在高校顶层设计过程中，要把生态文明素质教育和思想政治教育结合起来，把生态文化建设纳入校园内涵建设当中，让校园生态文化成为鼓励、引导学生的重要工具。

所谓生态型育人理念，指的是在思想政治教育工作中，加入人与自然、人与社会、自然与社会和谐共生的目标和价值观的内容，并据此来开展相关的思想政治教育活动，不仅要注重理论与实践相结合的研究和教育，学校、社会、相关部门和家庭之间要相互配合，还要共同为提高大学生生态文明素质做出努力。在大学生教育内容中，应该要有生态理念教育的内容。大学生要想全面发展，还需要具备科研能力、文化继承意识、为社会发展作出贡献的技能，要符合社会对生态型人才的需要。

（二）健全校园生态文化制度

严格的制度，是确保节约型绿色生态校园的重要工具。可从以下两方面加强制度建设。

第一，学校要从相关章程、科学化的规划目标和实施方案出发，把校园生态文化建设纳入其中，在顶层设计时充分考虑到校园生态文化建设，为培育生态型人才提供制度支持。

第二，学校要与各相关部门紧密结合，加强工作沟通，共同为实现校园生态文化建设做出贡献和努力，不断提高工作效率和质量。

另外，若想培育生态型人才，还要有完整的生态评价系统，要制定相关的制度化评价标准，将其真正运用到大学思想政治教育活动、文化建设、科学研究、人才培养的过程当中，并为其服务。把思想政治教育融入到教育的方方面面，与社会政治经济发展同步，提

高生态文明意识，不仅能够促进"人－自然－社会"生态体系的发展，还能为社会提供"绿色化"人才。

（三）加强校园生态环境建设

生态化是大学校园的本质特征，大学校园本身具有的建筑设计、自然植物景观、校园布局和独特的校园文化，都在潜移默化地影响着学生和老师的思想观念、情操理念、审美水平。各大高校要善于利用自身独特的地域优势和当地文化，将"低碳、循环、生态"作为理论指导，加强校园文化环境建设，注重人文景观美化设计，促进校园整体布局规划建设，建设充满人文气息的校园建筑和环境，并充分体现其多样的人文内涵和文化基因，促进人与自然的融合共生。不仅不能忽视高等院校本身应该具备的严肃和庄重，还要打造一所科研和文明共同进步的高等学府。学校在发展的过程中，还要将生态观念融入每一次的实践活动中，教育学生把铺张浪费的习惯改掉，在学校的日常运营中，力求各个层面和职能部门都能坚持节约和循环利用的原则，建设生态化校园。

第二节 高职院校生态文化建设在文化育人中的功能

大学生肩负着促进民族和国家发展的重任，对他们进行生态文明观念教育，关乎大学生个人和整个社会的发展。大学要积极组织生态文明教育活动，加强校园生态文化建设，促进学校的不断发展。

校园文化对于学生的影响，不管是日常生活还是学习，都是长期性的。因此，要帮助大学生树立正确的生态文明价值观，要将生态文化教育加入到校园教育活动的各个层面，将生态文化与教育结合，使其与其他文化共同组成校园文化，在潜移默化中引导、约束和帮助学生树立正确的生态文明观念。

在此过程中，大学生态文化的主要作用有以下几点。

第一，引导。大学生态文化能够在学生无意识的情况下对其产生影响，包括世界观、价值观、人生观和生态价值观，同时还能引导和约束大学生的生态感情和生态道德意识。大学生如果长期生活和学习于优良的生态文化环境下，一定会对其生态情感起到塑造作用。因此，大学生要主动适应这种环境，积极树立正确的价值取向和生态文明观念。

第二，鼓励。大学对优秀的学生进行奖励，并设置奖惩和评价机制，可以激发学生的积极性。

首先，大学通过榜样的作用，帮助学生树立生态文明观念，可以让他们看到生态文明对个人全面发展和社会、国家进步的重要作用，让其主动学习生态文化知识。

其次，通过这种方式增强大学生的自制力，可以让大学生积极主动地去践行生态文明观规定的行为，提高自律性。

第三，集合。学校的文化理念中应该有生态文明思想的"一席之地"，将学生集合起来，调动学生的积极性，利用学生群体的强大力量，可以帮助学校提高生态文化的教育质量。

第四，限制。大学的校园文化是学生和老师共同塑造的结果，也具有一定的认同性，能够限制学生的行为，学校的相关制度和规则则是重要工具。生态文化的限制作用可以从以下两个方面入手：一是将生态文明理念与学校的规章制度结合，二是在学校的报刊等新闻或宣传平台注入生态文明的理念。

第五，育人。若能塑造环境优美、干净整洁的校园环境，开展多样有趣的校园文化活动，将有利于学生缓解压力、净化心灵、陶冶情操，也可以促进其保持积极向上的学习态度，形成正确的文明价值观。总之，校园文化对学生的全面发展起着不可或缺的重要作用。

第三节 高职院校生态文化建设对文化育人的影响及优势

管理者、学生与教师在作用于相关的社会环境和校园文化的过程中共同创造、传承的精神成果的总和，称之为校园生态文化。它可以体现出师生的行为体系、群体形态、团体意识、价值取向、思想观念，也是大学与其他社会组织不同的重要表征，它是大学赖以生存和发展的重要基础、动力来源。

校园生态文化与之前的"以人为本"的思想教育不同，它更加重视环境与人之间的和谐。人与环境之间存在着互动协调一致的关系，因为人在这种特定的环境中是受益者，也是主动者。校园生态文化的含义是以道德文化、学术文化为干线，通过规则、社团、制度、校园环境、管理和科研等而产生的特有的校园文化氛围、价值观念和学术传统，它体现在领导者的办学举措、治学态度、思想方法上，以及师生身上有着广泛意义的观念、气质、行为等方面。它的内容涵盖现代文化以及学校传统的行为生态化、教学生态化、观念生态化、管理生态化。

一、科学性和前瞻性

教育对人类的命运有着强烈的影响，是一项庞大的事业，倘若人们集中注意力来培养"完美的人"，且这一类人又能够积极地争取集体与个人的解放，那么教育就能够让社会具有人性，能够为改变社会作出重大贡献。现如今，人类社会已经进入了可持续发展的阶段，这就更加凸显出生态文化教育的重要性。它重视信息资源、重视综合平衡、重视未来，所以高校更应该加大对学生的生态教育，让其将生态教育牢记在心中，建构和谐的高校育人生态环境。

高校的文化氛围在一定程度上决定了高校的育人（教化），倘若被大多数人认可的行为原则，一直沉淀笼罩于高校的舆论氛围是健康的、和谐的，那么，生存在这个文化共同体中的个体将受益匪浅。高校的文明生态，应该是将知识系统的艺术（美）、人文（善）和科学（真）三者一体化作为办学宗旨，用心、物得到调和的自然共生型社会系统为方向。以校园生态视角来说，高校需创造"绿色人际关系"，也就是人与人之间共同进步、合作和谐、互相关心的生态环境，并培养学生能够控制自身的文化氛围。

一个优秀的高校最大的奥秘是"物质精神化"。唯有产生一种精神后，学校的一切才会有生机，才能成为积极的教育因素。所以，为大学生供给和谐的精神文化氛围、物质，是现今高校校园的发展趋势。

二、系统性和规范性

系统性、多元性是社会文化的明显特点之一。当然，校园生态文化作为社会文化的一部分，它有着更为明确的规范性特点和更为明显的多元系统结构。它能够依据教育目标、教育的既定方针，有规范、有目的、有计划地按照与它相适应的系统需求精心设计，并且能够通过与之相对应的物质环境、特定的精神氛围向大学生输送优秀的思想。

经过历史的沉淀，高校逐渐形成了自身的学风和校风，演变成为了区别于其他学校文化的特点，并存于学生的潜意识里，变成有着学校风格的校园传统文化，打上专属于学校的"文化烙印"。可以说，它就是学校文化的道德规范、理想情操、价值取向，它已变成了不成文的法律，变成了相沿成习的评价美丑真假、是非黑白的标准，也是限制和调节师生行为规范的准则。

基于此，校园内的师生就会形成一定积极的"从众行为"以及"从众心理"，并据其不断改变、调节自己的行为习惯，也可以引导学生形成正确的价值观、人生观以及优秀的品格、意志和心理。

三、和谐性和持续性

现如今，人类发展文明正在转向生态文明，因而在注重发展的同时，还应该重视和谐性和持续性。在面临这类新的学校教育文化观念时，应该积极将其安排在教育环境中，根据各种教育对象、生态因子的生理环境来创建新型生态观念，还应该运用这种生态观对教育进行优化、控制和规范，向可持续方向发展。生态观认为，学校的教育是有代谢性、弹性的有机体，它可以保持着相对动态的平衡，也可以调整自我运行机制，不断调整与环境之间的关系。架构学校教育的因素都是有关联的，学习者、观察者、组织者共同处在一个网络之中，他们互相作用、互相依赖，是动态平衡的关系，可以进一步加强人的主动性、协调性。

这种思想观念会带动一系列教育模式和教育思想的革新，它会更加重视信息资源、综合平衡、未来趋势，进而帮助人得到全面的发展。

第六章 高校人文文化与科技文化育人的实现

第一节 高等院校人文文化育人的实现

一、革新综合文科人才培养模式

"以人文文化引导人"的"人文文化"是最有代表性的,其中包括开展综合文科专业人才培养模式改革,这是以适应基础教育改革对高素质、复合型文科师资的需要,通过转变教育观念,改革传统大学文科教育教学模式,推进综合课程改革,着力构建综合拓展、活动创新、人文为本的综合文科专业课程体系,探索形成综合文科人才培养新模式。这种综合文科人才培养新模式的构建也是对中国大学人文学科教育文化的创新。

中国的教育改革是中国改革发展的重要组成部分,就中国大学人文学科教育改革而言,它需要哲学精神指引,需要历史镜鉴启迪,需要文学力量推动,它要引导大学生关注人们的精神世界,关注社会现实问题,积极回应社会关切,从而帮助他们更好地认识自己、认识世界,确立不断前进的方向和信心,这是传统分科的大学人文学科教育难以实现的教育目标。为使人文学科教育改革成为高校各级领导和相关教师的自觉行为,我们在全面审视高等教育文科分科培养模式的弊端的基础上,有针对性地开始实施院校文科专业人才培养模式综合改革研究与实践改革。

现代社会是以知识信息、市场经济为基础的社会。由这一现代社会的共同点所决定,现代人必须懂得市场经济的运行规律,要具有信息意识、竞争意识和创新意识;现代社会是科学化和现代化社会,既包括生产的科学化和现代化,也包括社会生活各方面的科学化和现代化,因此现代人应该掌握必要的现代科学文化基本知识和基本技能,具有现代意识；现代社会是民主和法制社会，现代人应该是现代民主和法制的有机统一体，是代言人和形象大使；以改革促发展是现代社会的总特征，充满开放意识和具备创新能力是对现代人的基本要求；现代社会是学习型社会，在充满变化的现代社会中，不具备学习能力的人是无法在社会中立足的。因此，现代人必须具备鲜明的个性特征、强烈的社会参与性、较强的终身学习能力和永不满足的创新精神。

我国一直力图通过理论学习、课题研究、实践学习与总结、考察交流与著书立说等内容及形式，大力提高教师队伍的整体素质。这意味着我国教师教育已经摆脱单纯的学历达标的局限，而转向注重教师内在专业素质的提高，并为教师素质的提高和发展建立健全了教师继续教育平台。这也从一个侧面说明，注重教师内在素质，尊重教师专业发展规律性的意识和努力，将成为今后一个可预测的发展趋势。

从时代发展对教师教育的新要求，结合教师专业发展的内在规律，高校有必要把教师教育纳入一个连贯、持续发展的轨道上来。教师在学校的教学工作十分复杂，有短暂、不确定、快速变换等特点，需要教师有高度多样化的认知、情感和能力。教师作为一位可持续发展的人员，其最终任务是满足"自我实现"的需要，突出主体的生命价值。毫无疑问，从社会发展和个体发展的趋势来看，高校更应倡导这种"把教师看成是教育活动的反思者和研究者""以终身自我教育作为教师生涯的推动力""视教师职业为不仅给予也在收获的有意义活动"的发展型教师。

我国将实现课程从学科本位、知识本位向以人为本发展的历史性转变，这给高师人才培养带来了新的挑战，更带来了以下机遇。

第一，高校可以发挥与基础教育联系密切的优势，将人才培养提前介入基础教育当中，让学生提前接触基础教育课程改革，以适应基础教育课程改革的需要。

第二，高校可以发挥在课程研究方面的专家优势，开展对教师的培训，这些参加培训的教师，同时又是高师研究基础教育和培养人才的重要而宝贵的教育资源。

第三，高校可以将培养满足基础教育课程改革需要的新型师资作为突破口，开展一轮全面的教学改革，特别对于人才培养模式的改革，是千载难逢的好机会。

二、增强文化育人的思想性与导向性

坚持德育创新，以公民道德教育为基础，在"教师教学要教书、教人、教心，学生学习要真懂、真信、真用"的思想政治理论课教学理念下，创新德育模式与教学方式方法，努力将思想教育贯穿于专业教育中，努力将思想教育从课内延伸到课外、从校内延伸到校外。

（一）革新教学方法

在教学方法的改革上，以落实学生的主体地位、加强师生互动为主线，将以知识传授为主的教学变成以能力培养和人格塑造为本的教学，在教学中做到以下四点。

（1）在教学内容呈现上凸显"三个视角"，即突出理论与实践结合、历史与现实结合、中国与世界结合的三个视角，彰显思想教育的一脉相承性和创新发展性。

（2）在教学载体上，精磨"三个课堂"。在教学中，精心组织课堂教学、社团活动和社会实践，做到第一课堂（课堂教学）"三问"——课前问卷、课上提问和课后反馈相结合；第二课堂（社团活动）"三看"——看原著、看录像和看现场相结合；第三课堂（社会实践）"三联"——联系世界形势、联系国内发展、联系思想实际相结合。

（3）在课堂教学运行上紧扣"三个环节"。在课堂教学中紧紧抓住"学生自学—学生讨论—教师点评"三个环节。上课时要求学生快速读书，抓住重点难点，发现问题，提出问题，展开讨论。教师点评是对学生激励性、发展性评价。

（4）重视"三种教学"。即组织情感教学、情境教学和创新教学，用生动的事例感动学生；创设现场情境和问题情境，激发学生积极思考；注重培养学生勇于创新和善于创新的精神和人格，培养学生自主提出问题、分析问题和解决问题的能力。这种新型的研究性教学方法的改革，不仅实现了师生互动，活跃了课堂气氛，启迪了学生思维，激发了探究精神，还使学生对重要思想概论做到了学懂、真信、会用。

（二）学为主体，教为主导，开展课堂革命

为突出学生的学习主体性，采用"先学后教，当堂研讨"的方式。每次上课时先让学生自学教材，要求学生快速读书，抓住重点和难点，发现问题和提出问题，然后开展讨论。

在课程教学中，研究性教学也可以促进学生学习方式的创新。在教学中，引导大学生把单一的接受性学习方式转变为多样化的学习方式。有时让学生自学教材，有时安排学生观看电教片；有时布置学生撰写小论文，有时让学生开展演讲活动；有时组织学生在宣讲活动中自我学习、自我提高。

在多样化方式的学习中，重视指导大学生进行自主学习和探究性学习，在互动式、交流式学习中加深理解。

研究性教学以学生为主体，并不是忽视教师的作用，恰恰相反，它对教师的教学水平提出了更高的要求。在研究性教学过程中，有可能存在启而不发的现象，需要教师循循善诱，培养学生积极探索的习惯。研究性教学的过程中还会发生讨论跑题、回答问题不着边际或表达偏激的情况，教师对此要有充分的思想准备，及时予以调整和矫正。教师对学生研究性讨论的点评环节特别重要，既要进行鼓励性评价，还要指出存在的不足，提升学生的认知层次。

三、打造校园人文文化，提升师生人文素养

教师是培育学生人文素质的主要实施者，是青年学生增长知识技能和思想进步的指导者和引路人，教师的敬业精神、治学态度、言谈举止、为人处事，对学生有着潜移默化的影响。教师的教风对于学风、校风的形成也有重要意义。要强化师德建设，倡导以心灵感染心灵，在师生交往中倾注人文关怀。使教师自觉地规范自身言行，以良好的敬业精神和

优良的品质感染学生,做到以身立教,教书育人,为人师表。

当今,构建社会主义和谐社会是人们的美好愿望,社会发展对高校大学生的综合素质要求越来越高,高校要把大学生人文素质教育摆在重要的基础地位,以思想政治课和人文素质课为基础,以课内课外为阵地,进一步加强大学生的人文教育,以多种方式提高大学生的人文素质,满足社会对人才的全面素质需求,实现大学生的全面发展与和谐发展。人文教育是培养人文情怀、提高人文素质的重要渠道,它以对人的终极关怀为目标,关注人的需要、人的尊严、人的自由,促使人成为对社会负责的好公民。人文素养是大学生的立身之本,加强高校学生的人文教育,有利于全面提高国民素质,有利于现代社会健全发展。

第二节 高等院校科技文化育人的实现

随着科学技术的不断发展,人类社会发生了翻天覆地的变化。然而,在经济水平日益提高、物质财富日益丰厚的时代,人类却遇到了环境污染、生态破坏、资源短缺等一系列不期而遇的危机,可见,现代科技发展具有鲜明的双重效应。这就表明人类未来发展的文明程度取决于科技文化的生态化发展方向,因此,我们必须高度重视科技成果生态评价体系的建立和发展。伴随新的科学技术的诞生,新的科学技术价值观应运而生,人类将更理智地拿起科学的武器,保护自然、保护生态,建立人与自然的和谐关系,为人类自己创造一个更美好的未来。

一、科技发展中的双效应与生态科技文化的兴起

自从人类走进文明时代以来,科学技术就逐渐进入了飞速发展的时期。科学技术的进步极大地发展了生产力,推进了人类文明的进程,也为人类带来了巨大的财富。但是,由于人们利用自己所掌握的科学技术对大自然进行无节制的利用和盘剥,不断以损害自然为代价来满足自己无休止地膨胀的欲望,这就严重破坏了人与自然之间的关系,造成了严重的生态危机,使人类陷入了自绝前进之路的窘境,这让人们充分认识到了科学技术的双重效应。面对越来越严酷的自然环境,人们开始进行反思,于是关于人与自然和谐发展的生态科技发展起来,生态科技文化随之兴起。

(一) 科学技术发展的双重效应

1. 科技发展给人类带来物质利益和财富

科学技术的不断进步是人类社会发展的推动力,科技的发展为人类带来了巨大的物质利益和社会财富。人类社会已经经历了三次科技革命,每次技术革命都为人类社会生产、生活的进步与发展做出了巨大贡献。

第一次科技革命于18世纪下半叶发生在英国,这次革命使蒸汽动力代替了人力、畜力和水力,它是一场以机器为主体的工厂代替手工工场的革命,因此也被称为"工业革命"。第一次科技革命带来的生产力的大发展,不仅为自然科学提供了新的研究内容和新的研究手段,而且大大地解放了人们的思想。

第二次科技革命于19世纪70年代首先发生在美国、德国,它以电力、电力机械、内燃机、钢铁冶炼技术和化学工业技术的产生和应用为代表,它标志着人类已经进入电气时代。在第二次科技革命期间,近代化学、生物学、热力学、光学、数学、地质学、人类学都蓬勃发展起来,新的科学技术的发展引发了新的产业革命,电动机、发电机的使用,带动了一系列相关工业部门的发展,电力、石油、通信、电气、有色金属、汽车、轮船业发展起来,人的活动范围扩大了,也使地球变小了。在这些大工业发展的过程中,人类开始大规模开采各种资源,包括石油、煤炭、森林等。

第三次科技革命是当代以计算机和通信技术为基础的信息革命,此外还辅之以生物技术和新能源、新材料的应用。这次科技革命给我们的社会带来了前所未有的变化,信息、微电子、计算机、原子能、高分子等新产业兴起,人类在生产、生活方面都发生了质的变化。从世界诞生了第一台计算机起,短短几十年的时间,经历了电子管、半导体、集成电路、大规模集成电路几代的发展,其性能提高了上百万倍。

因此,从哥白尼的日心说到人类的成功登月、火星的初步探测;从青霉素的发现到克隆技术、基因重组;从独木舟到超声速飞机、磁悬浮列车……人类借助科学技术不仅扩大了自己的活动空间,提高了自己的生活质量,也使人类有能力充分地了解自然、认识自然,并且充分地认识了自己。科技的发展也使人类的思想观念得到了进一步的解放,人们的视野不断扩大,科学技术无疑是人类不断走向前进的最重要的阶梯。

2. 科技发展导致生态危机

虽然科学技术给人类带来了巨大的利益,但是同时科学技术的发展也给人类的生产生活带来了严重的负面效应,给人类自身利益带来严重影响,甚至直接威胁到人类自身的生存和发展。科学技术空前放大了人类征服自然和改造自然的力量,同时空前放大了人类破坏生态和毁灭自己的力量。

科学技术就像一把双刃剑,它既给人类带来了丰厚的物质利益,又能断送人类的生存和发展之路。在20世纪中叶前后发生的一系列严重污染环境和破坏生态的事件,如二氧化硫、氮氧化物、碳氢化合物以及烟尘等形成的大气污染;因为向海湾排放含汞废水而形成甲基汞污染,并通过生物链危害人体事件;因有毒化学物质进入食品,造成食品污染进而危害人体事件……这些事件都发生在科学技术发达的西方国家,因为人们在迫不及待地运用现代科技为自己服务的过程中,忽视了这些技术对自然的破坏作用,这些公害事件,导致了所在地区人群在短时间内的患病,成为科技对人类产生负面影响的惨痛教训。

科技的发展在改变着人类社会的同时,也改变生态与环境,从而使人类失去从自然界获得的利益。内燃机是人类发展工业的主要动力,也是造成光化学烟雾的重要因素;氟利昂由于良好的化学稳定性和其他多种特性,曾被长期、广泛地用作制冷剂、发泡剂等工业品的原料，然而它又是臭氧层的主要破坏者；化学农药提高了农作物的产量，又是污染环境和扼杀生命的罪魁祸首。埃及阿斯旺大坝的建设更是人类把自己对美好生活的期望寄托于现代技术，但是最终却成为难以治愈的伤痛的典型例证。

埃及地处撒哈拉沙漠的边缘，尼罗河由南到北纵贯埃及流入地中海，由于河水定期泛滥，洪水给沿河两岸带来了水分和肥料，形成两岸肥沃的河谷平原，使那里的农业持续繁荣了几千年，那里也成了世界最古老的人类文明发源地之一。20世纪50年代，为了缓解人口增长对粮食需求的压力，扩大耕地，控制洪水，积蓄水源，埃及政府决定修建阿斯旺大坝。大坝的建成为埃及增加了耕地，为城市和工业提供了电力，控制了尼罗河每年的泛滥，保证了可靠地灌溉，在一定时期促进了国家经济的发展。但随着时间的推移，大坝对生态环境造成的不良后果逐渐显现。由于大坝蓄水量高，这极大改变了下游水流方式，大坝以下河水流量骤减，肥沃的河谷平原失去了田河水定期泛滥补给的水分和肥料。大坝下游及海岸地区地下水水位大大降低，海水大量倒灌和漫坡，大片耕地退化成盐碱地。同时，大面积的蓄水使库内藻类和水草大量生长，钉螺滋生，堵塞了大坡的进水口，降低了下游水质。埃及阿斯旺大坝的建设使许多埃及城市人口的生活得到改善，但却给大量的农村人口增加了困难，其中就包括大坝建成造成的环境变化对人的身体造成的伤害。当初人们曾经对这座现代技术造就的水泥体能进一步改善人们的生活寄予厚望，但它却给人们带来了意想不到的灾难。因此，埃及阿斯旺大坝既是人类科技进步的一个象征，又是科学技术大规模改变环境而给人类带来新的灾难的典型代表。

（二）生态科技文化的兴起

在传统科技发展过程中，人类片面地强调对自然的控制和征服。然而在自然面前，人类绝不可能成为征服者。因此，人们在充分享受了科学技术带来的种种便利和实惠后，面对征服自然带来的无穷后患，面对向大自然肆无忌惮地索取而换来大自然的报复，面对传统科技发展给人类带来的新的灾难，人们开始反思过去，对于今后科技发展何去何从的问题，人们越来越认识到，要摆脱现在的困境，科技发展必须走生态环保之路。

生态科技较之传统技术应具有以下四项特征。

第一，从观念形态上看，生态技术打破了以人为中心的传统观念，追求人与自然的和谐，使科技发展摆脱单纯以人的目的、人的利益为唯一的出发点，把生态圈和技术圈的和谐发展作为经济社会发展的最终目标。

第二，从科学基础来看，生态技术应建立在现代生物学、生态学和信息科学、伦理学等新科学知识发展基础之上，运用系统科学的思维方式，统筹人口、经济、资源、环境的协调发展。唯有如此，人类才有可能充分预测到科技作用的远期效果和对自然系统的整体影响，避免和预防技术发展可能带来的问题。

第三，从体系结构来看，生态技术应当以太阳能、生物能等再生能源为主要能源基础，以生物技术、信息技术等高新技术为中心，以各种再生型或低耗型常规技术为补充，形成结构合理的整体性复合型技术网络体系。

第四，从效果来看，生态技术应力求达到低消耗、高产出、自循环、无公害的要求，兼顾高效率和能源与资源的低消耗，并找到两者的最佳结合点。科学技术的生态发展能够充分地通过更经济、更科学的技术方法和手段，迅速地推进环境与生态保护的进程，还能够极大地提高人类的生存质量。

生态科技正在发展起来，未来的科技发展必须走向生态化方向。

第一，传统的科学技术的发展，要以生态保护为前提。

第二，现代高新技术要把保护自然资源和生态环境作为主要标志之一。

第三，大量开发生态化产品和生态技术。

第四，促进现代自然科学内部以及自然科学和社会科学的多学科结合，更好地解决生态问题。

总之，生态科技是立足于生态圈和技术圈的和谐，追求高效低耗无污染，以可持续发展为指导原则的全新概念，代表了未来科学技术发展的方向。

科技发展的生态方向日益显著，生态科技日渐成为科技发展的主流，这种变化是基于人类思想观念的一个重大变化。对于人类赖以生存的大自然家园，人们曾经把它当成一座能够为人类服务的取之不尽的天然宝库，不断利用先进的高新技术加深对大自然的索取。随着家园不断地被自己破坏，人类已经感到生存危机的彻骨之痛。转向主张利用自己掌握的现代科技保护自然、保护环境的生态科技文化，已经成为历史的必然趋势。

二、科技发展应具有鲜明的生态保护思想

（一）重新建立科学价值观

人类经过了对自然顶礼膜拜的漫长历史阶段后，通过工业革命，一跃而成为大自然的主人，其中科学技术的发展功不可没。在远古的洪荒时代，人类生活完全依赖于自然，人和其他动物一样，并没有摆脱自然附属物的地位，大自然就是人类的图腾，人对它充满了敬畏；随着生产工具的运用，人类开始了改造自然的活动。但在农业文明时期，由于科学技术和生产手段的限制，人们对自然的改造和利用都很适度，大自然并未因人类的存在而被过多地改变，它基本上还是依然按照自己的模式发展着；当科学技术有了突飞猛进的发展，人类进入工业文明时代后，人们掌握的科学技术不仅数量越来越多，而且技术水平越来越高。

人类利用掌握的科学技术大规模地改造自然，让自然为我所用，人们越来越认识到科学技术力量的伟大，并更加热心地致力于科技的发展。从此，大自然似乎不再具有外在于人的独立性，而变成了人类不断力图改造、征服和控制的对象。在这种历史背景下，传统科学价值观认为，科学的功能在于为人类征服自然、统治自然服务，它的价值体现在满足人对自然的索取上。"科技万能论""技术决定论"是近代以来传统科技价值观的主流。

18世纪蒸汽动力技术实现了对自然力的控制和转换，从此，机器工业代替手工工业，开始了社会化大生产，这似乎意味着人类可以不再受自然界的变化和影响，稳定地获得物质财富。19世纪电力技术革命再次显示了人对自然力的支配，表明人类不仅能够改造自

然而且能够驾驭自然。在此基础上，人类建立了庞大的现代工业体系和高效率的生产管理体制。生产的电气化、自动化创造了丰富的物质财富，为人类营造了全新的生存环境。20世纪的信息技术革命、生物技术等新科技使人们似乎相信人的活动可以不受自然的限制，人类在征服自然的过程中没有不可逾越的鸿沟，科技是万能的，科学技术能够主宰一切。在这种科技价值观的影响下，自然界在人的征服下变得伤痕累累，同时展开了对人类的报复。人类在自然界的报复中，自身的发展前途也变得岌岌可危。

在全球性的人类生存环境恶化、生态危机加剧的现实面前，人们不得不对自身的发展、对传统科技价值观进行反思，并逐渐形成了新的科技价值观，也就是一种以自然生态保护和可持续发展作为判断标准的价值观，即可持续发展价值观。可持续发展是人口、资源、环境与经济发展之间相互作用、相互制约、相互依赖的协调发展过程。资源和环境是人类自身发展的前提，人类必须在自然环境约束下行动。科学技术作为人类改变这种资源和环境约束的手段，能够而且必须成为可持续发展的主要支撑。

（二）科技发展和生态保护的互动

地球的生态系统是一个高度复杂的动态平衡系统，它在长期演化过程中，通过长期的自身组织过程建立了多层次的自我调节功能，拥有了一套自我调节的能力，能够对外界条件的变化做出相应的反应，当它遭受到程度较低的干扰时，能够进行自动补偿和缓解，从而维持系统结构和功能的稳定，这种稳定性正是地球上的一切生物生存的前提。不过生态系统的自我调节能力是有限的，当人为干预因素超过一定限度时，生态系统的自我调节能力就会降低甚至消失，从而导致生态失衡乃至生态系统的崩溃。

生态破坏的重要原因是人为因素，这包括毁坏植被、随意引进和消灭某一物种、建造某些大型工程，以及在现代工农业生产过程中排出的有害物质和向农田喷洒大量农药等，这些都能破坏生态系统的结构和功能，引起生态失调。另外，生态系统的构成是极为复杂的，系统内部各部分相互联系，因此人类对生态的影响往往是牵一发而动全身，后果难以预料。人类生产生活对生态环境造成的种种恶劣影响，其结果就是环境又把这种破坏反作用于人类。回顾人类历史，这样的事例比比皆是。

大自然花了上万年的时间，才创造出10厘米厚的表土；哺乳动物用了数千万年的时间才适应了今天的地球和水体环境；地球大气由还原大气变成氧化大气要用几十亿年。与此形成鲜明对比的是，人类只要几百年甚至几十年，就改变了大气和水体，每分钟就有几十公顷的森林被毁灭。

人与自然是靠科学技术连接在一起的，人类不断发展的科技曾经严重毁坏了自然，但是人类的生存和发展离不开科学技术，科技发展给人类带来的负面效应的解决也只能依靠新的科学技术，科技发展与生态变化具有互动性，即科技发展要以生态保护为前提和目的，生态保护要以科技发展为手段和动力。

一方面，科技的发展虽然确实曾经给人类赖以生存的生态环境造成极大破坏，但是，正是目前的这种生态现状又为今后科技的发展提出了新的挑战和新的要求，为今后科技发展制定了新的发展目标、发展方向，成为推动今后科技发展的新的动力。

另一方面，目前生态环境遭受严重破坏的状况和破坏持续发展的现实，也必须通过科技的进步才能得到遏制和恢复，而解决这些问题的过程，又将带动众多新技术的产生，进一步推动科学技术前进的脚步。

所以，今后还要大力发展那些能够节约能源与降低原材料消耗的技术、提高资源利用率的技术、使不可再生能源得以替代的技术以及治理污染的技术，以科技发展促进环保发展。目前科技界正在大量发展这些新技术，力图更好地保护生态环境。例如，在农村处理农作物秸秆的传统方法就是把它当作燃料烧掉，这样做既污染了环境，造成空气质量的下降，同时是对资源的严重浪费，现在，利用新技术可以把农作物秸秆进行结构裂解生产热解油脱硫剂或进行加工生产家畜用饲料，这样既提高了资源利用率，节约了能源，又减轻了对环境的污染。

总结历史，展望未来，我们可以说，在生态保护的要求和推动下，科技发展经历了这样一个过程，即十八九世纪的科学技术主要表现为人对自然的开发与单向控制的非协调发展。20世纪的科学技术则表现为人对自然开发与控制的深入及对这种单向的非协调发展造成后果的反思。那么21世纪的科学技术是在超越传统科技追求对自然控制的基础上，实现人与自然的和谐发展。

（三）科技发展和环境保护

环境是相对于主体而言的客体，它的内容因主体的不同而不同。这里所说的环境是相对于人而言的，是指以人类社会为主体的外部世界的总体。环境的定义是：影响人类生存和发展的各种天然的和经过人工改造的自然因素的总体，包括大气、水、土壤、矿藏、森林、草原、野生动物、自然遗迹、人文遗迹、自然保护区、风景名胜区、城市和乡村等。人类是环境的产物，又是环境的创造者，人类文明的每一个进步都与人类不断加大对自然环境的改造分不开。

没有自然界，没有感性的外部世界，人类就什么也不能创造。但是，人类在运用自己的知识，通过劳动，不断改造自然环境、创造新的生存条件、创造灿烂文明的同时，也开始品尝到自己种下的苦果。由于科技发展对自然环境的破坏空前剧烈，资源危机、能源危机、粮食危机以及环境污染等对人类的生存、发展构成严重威胁。其中又以生态破坏和环境污染造成的环境退化为主要特征和最严重的问题。

18世纪中叶工业革命以后，随着人口和经济的快速增长，人类付出了生态破坏和环境污染的惨痛代价。未经处理的污水排放使得大部分城市和地区淡水资源正在受到水质恶化和生态系统破坏的威胁。在城市，特别是工业集中的城市，尘降量和总悬浮颗粒长期超过环境标准，大气质量差，出现酸雨现象，危害环境。以上问题无一不体现着科技发展对人类生存环境造成的破坏。

科技发展曾经造成了大量的环境污染，但人类也可以利用科技的发展治理污染。当前，科学技术的发展要把治理污染作为自己的当务之急，把保护环境作为自己的发展之道。另外，科技发展的意义绝不仅在于出现污染后以殚精竭虑的精神投入对污染的治理，走先污染、后治理的老路。更重要的是，科技发展要走出生态化的路子，提倡生态科技，发展清洁技术，努力实现对自然的零污染，特别是信息技术、生物技术、新材料技术、新能源和再生能源技术、先进制造技术、航天航空技术、海洋技术以及环保技术的发展为缓解资源短缺、抑制环境恶化、改善人类健康状况、实现社会经济和环境的协调发展提供了有效的技术途径。

目前，环境保护工作特别是污染处理工作普遍得到各国的高度重视。新技术的发明和应用，极大地减少了污染，改善了自然环境。在我国就是要发展适合中国现实的、无污染的或能够很好地治理污染的新技术，如解决高浓度、难降解的工业有机废水处理，饮用水资源保护的技术以及城市大气污染、固体废物资源化等技术的发展。

（四）科技发展和节约资源

自然资源是指人类从周围环境中获取并用于生活和生产的所有能量和物质的总和。通常自然资源只是自然环境中能被人们认识和利用的部分，它包括土地资源、动物资源、水资源、森林资源、草地资源、湿地资源、矿产资源、海洋资源等。随着社会的进步和发展，人类对自然资源的认识也发生了变化，人对自然利用的部分也在扩大，如今的自然资源还包括空气等环境要素。由于过去无节制地开采和利用，目前已经造成自然资源的严重短缺，因此科技的新发展要在新能源的开发、再生能源的利用、不可再生能源的替代以及努力实现能源构成的多元化方向上有所突破。

我们以与人类生产生活息息相关的水资源为例，可以清楚地看到能源危机这一严峻现实。水是人类环境的重要组成部分，多少世纪以来，人们都认为水是取之不尽、用之不竭的，因此肆意浪费，以至于时至今日出现了水资源的严重短缺。

随着人类社会不断地进步和科学技术水平的日益提高，人类从自然界获取的资源种类和形式不断变化、拓展，取得资源的方式不断更新、改进。现代科学技术的发展能够为人类解决现存生态问题找到一条正确的出路。

（五）科技发展的未来

我国人口众多，资源相对不足，生态环境脆弱，为了缓解我国能源资源与经济社会发展的矛盾，要大力发展循环经济，推行清洁生产。生态环境的现实决定了未来科技发展的方向。未来的科学技术不仅不能破坏现有的自然生态系统，而且必须维护和改善生态环境，科学技术的发展不能超出自然环境的承载力，必须加强对自然资源的合理利用，提高能源的利用率，推动能源结构的多样化。因此，清洁技术和循环经济的发展模式代表了未来科学技术的发展方向。

20 世纪 70 年代，清洁技术作为一项全新的生产技术被首次提出，并逐步发展成为一种废物最小量化、源头削减、无废和少废工艺、污染预防等新的污染防治战略，之后，清洁技术被广泛认可。清洁技术的主要特征有三点。

第一，生产技术系统的运转对生态系统的消极影响很小，或者有利于恢复和重建生态平衡。

第二，产品技术系统的消费以及报废后的自然降解过程，对生态系统的消极影响甚微。

第三，单元技术在产业技术系统中的应用，可以明显减轻或部分消除原技术系统的生态负效应。

清洁技术的提出和实施是在系统论、控制论和信息论的思想指导下，对生产全过程进行控制和优化，从而能以最小的费用达到最大限度地利用自然资源并减少污染的目的。清洁技术既可以满足人类生产生活的需要，又能合理利用各种资源和能源，还能起到生态保护作用。

清洁技术是一种现代技术体系，它能较好地解决环境污染和生态破坏问题。清洁技术可以把生产和控制污染、生产和保护生态、生产和节约能源有机地结合起来，实现生产过程与控制污染、节约能源、变化生态的结合。例如，煤作为一种不可再生资源，利用率低，能源利用不充分，同时造成大量的煤烟型污染。因此，依靠科技进步、运用清洁技术是改变这一状况的有效途径。以燃煤发电为例，常规燃煤电站的系统效率不高，而国际上第二代加压流化床燃煤发电系统和煤气化联合循环发电系统的效率比常规燃煤电站效率高，这种清洁技术能够使固体的燃料煤转化为洁净、高效的液体、气体燃料，并将大幅度降低能源需求总量，大幅度降低单位产值能耗，并能实现能源开发与环境保护的协调发展。

人类要发展、社会要进步，作为人类社会进步发展推进器的科学技术也必须发展，人既不可能回到茹毛饮血的时代，又不能无节制地攫取自然与能源，因此，科技进步的方向除了清洁技术将在未来被应用外，大力发展循环经济，也是未来科技发展的重要途径。循环经济就是按照自然生态物质循环方式运行的经济模式，它要求用生态学规律来指导人类社会的经济活动，以资源节约和循环利用为特征。

化学教人们把生产过程和消费过程中的废料投回到再生产过程的循环中去，从而无须预先支付资本，就创造新的资本材料。传统的"资源—产品—污染排放"的单程线性型经济，是一种高投入、高消耗、高排放，以不断增加环境负荷来实现经济增长的模式。

与之相比，循环经济是把清洁技术和废弃物利用融为一体的一种生态经济，它使经济活动组成一个"资源—产品—废物—再生资源"的反馈式模式，使所有的资源在这个循环过程中得到最合理的利用，从而使经济活动对生态环境的影响降到尽可能小的程度。

它要求的是通过对"废物"的再加工处理使其作为资源，制成新产品，而再次进入市场或生产过程，以减少垃圾的产生。

循环经济具有低投入、低消耗、低排放的特点，它最大限度地切断了系统的污染排放，降低经济发展的外部成本，实现了经济效益的最大化，从生态学的角度讲，这也是社会文明的一种进步。循环经济的技术体系以提高资源利用率为基础，以资源的再生、循环利用和无害化处理为手段，以经济社会可持续发展为目标。因此，循环经济是一种物尽其用的经济，它的发展对科学技术的发展提出了新的要求。人类在未来要通过新技术的开发，减少对自然资源的开采，提高资源的利用率，节约不可再生资源，减少生产过程的资源消耗，降低污染排放，对生产、生活中的废弃物进行全面的回收、利用，以实现生态保护的目的，体现了生态科技的要求。

三、重视科技生态评价体系建设

（一）生态评价体系的要求

在科学技术迅猛发展而同时生态环境日趋恶化的背景下，今后科技发展的方向如何，怎样才能既有利于科技进步，又能保护好生态环境，是人们需要全力研究的课题。这一问题的研究表明，必须给现代科技注入可持续发展的原则，赋予生态文明的价值观念，使之遵循生态科技发展的规律，全面规划、合理布局，正确引导科技的发展方向，提高人们对科技价值利用的理性化程度，使科技沿着正确、健康、有序的方向发展，充分实现科技的社会功能，服从和服务于人类的生存、发展大局的需要。不同模式的技术，由于其所依据的原理不同，运行的结果也有所不同，因此，在保护生态环境的大前提下，对于科学技术的应用和推广有必要建立一个评价体系。

首先，由于科技成果评价体系对生态科技的发展是具有导向性的，会对未来的科技发展产生重大影响，也就意味着会对人类社会今后的发展产生重大影响，因此这个评价系统必须建立在坚实的科学理论基础之上，必须以正确的基础理论为前提和先导，必须经过科学验证，否则，引导就可能成为误导，这样就不仅会对科学技术的发展而且还会对全人类的生存和发展造成灾难性后果。

其次，这个体系还要具有实际的可操作性。因为科学研究是严谨而规范的，科技发展要应用到生产、生活实践当中，而且科学技术会影响到人类发展的未来，所以它是容不得半点模棱两可和似是而非的。

基于上述两点原因，这个对科技发展起约束和导向作用的评价体系必须是一种定量的具有较强的可操作性和适应性的指标，绝不能只是简单而空洞的条文；必须制定出符合生态科技发展方向的、科学的、具有前瞻性的指导性原则，明确科学技术的发展方向，规范各种科学研究活动，才能够真正解决生态科技发展中遇到的问题，给生态科技的研究和发展以明确的指导，从而使生态科技发展真正走向人与生态环境的和谐。

（二）生态评价体系的构成

新的科技成果生态评价体系应该包括技术评价、生态环境评价、经济评价、社会效益评价四个部分。技术评价主要是用于确定技术的先进性、可行性，以及技术的安全性、可靠性和成熟程度等；经济评价在于估算研究、开发、应用过程中的各种投入和节约的费用以及所获得的各种附加效益，以确定该研究、开发在经济上的可赢利性和可承受性；社会效益是指技术应用对人类社会发展所起的作用和意义，包括社会的安全稳定和高效，也包括人类文化、卫生条件的改善等方面对生态环境的影响意义。对科技成果生态化作用最大的是生态环境评价。生态环境评价是指对科技的环境性能的评价，即对科技成果是否符合可持续发展原则的评价。应该包括以下两个部分。

第一，生产过程对环境的影响。科学技术最终要应用于人们的生产实践，无论是在科学技术的研究过程中还是在新技术被应用于生产实践后,产出的单位产值或单位产量的产品(包括服务)所伴随的主要物质消耗和排放水平都是对生产过程进行环境评价的重要指标。其应主要包括:①原材料指标,即原材料的获取、加工、使用等各方面对环境的综合影响,从毒性、生态影响、可再生性、能源强度以及可回收利用性五个方面建立指标;②能源消耗指标,是指在正常操作情况下,生产单位产品对资源的消耗程度,如水、煤等能源的消耗程度和利用率;③污染指标,指生产过程中废水、废气、废渣的生成和排放量。从以上几个方面建立评价指标,可以较好地控制生产过程对环境的污染。

第二,生产的产品对环境的影响。除了生产过程外,还要建立生产的产品对环境影响的评价指标,这一指标应涉及产品销售、使用过程、报废后的处置以及寿命优化问题四个方面。这就要求:①要考核产品本身的环境指标,即要求产品本身对人和环境无害;②要考核产品包装的环境指标,即要求产品的包装不仅要使用环保材料而且不能过度包装,避免资源浪费;③要考核产品使用周期的指标,要求产品的使用寿命长、具有耐久性,减少一次性产品,从而节约能源,减少污染;④要考核产品报废的处理指标,即要求产品具有可回收性、复用性和再循环性,要求产品在环境中具有可降解性。

总之,在产品的整个生命周期(一种产品从采集原材料开始,到最终再循环或作为废弃物处理的整个过程)中,要求产品具有可持续性,达到节省空间、减少人力消耗、节约能源资源、环境影响最小、产品可回收利用、产品可降解、产品具有较长的生命周期、减少一次性产品的使用等目的。

我们身处科技爆炸的时代,科学技术的迅猛发展正在极大地改变着我们的生活,今后科技发展对人类的生存和发展的意义无疑会更大,为了我们人类能够拥有一个更加美好的未来,我们应该积极发展生态科技,让日新月异的科学技术成为环境卫士、环保卫士。

第七章 "三全育人"理念下网络文化育人的实现

伴随着信息技术的迅猛发展和网络社会的深入推进,网络既成为人们生活学习的重要工具,也是重要的思想文化阵地,这也使得有效利用网络优势,增强虚拟文化在育人中的积极作用显得越发重要和迫切。

网络文化对于育人工作而言是一把"双刃剑"。一方面,通过网络平台,既能利用网络受众广、便捷性的特有优势,使育人工作形式多样、话语生动鲜活,优化育人环境,拓宽育人途径,提高育人效率,增强育人效果。

另一方面,对于育人而言,网络文化也是一种风险和挑战,若管理不完善可能导致人们世界观、人生观、价值观发展的不健全。

未来发展的难点、热点、敏感点、聚焦点在网络空间,从战略布局上来说,抢占网络阵地、占取网络育人制高点是做好文化育人工作的重中之重。因此,必须不断强化与完善校园网络文化管理体系,以社会主义核心价值观引导全社会网络文化建设,紧密跟进时代发展趋势推进网络文化育人进程,才能积极主动有效地利用网络,充分发挥网络文化的育人功效。

第一节 网络文化的内涵解析

一、网络文化的概念

网络文化是指在互联网时代下,以网络信息技术为基础,具有网络时代特征的一种集体性、信息化的智能型文化,是一种全新的文化形态。

(一) 网络文化的内涵

网络文化是以网络信息技术为载体,融信息、人和文化三者为一体的文化思想、文化形态以及文化活动模式的集成体。

1. 网络文化是一种文化形态

网络文化属于一种全新形态的文化,是以文化为核心元素,以互联网作为媒介平台的、以人类物质发展水平为基础的一种新的文化形式。有学者认为网络文化是指以计算机技术和通信技术相融合为物质基础、以提供传播一切信息资源的一种崭新文化,这是一种与现实社会文化具有不同特点的文化。人、信息和文化三者为一体的网络文化,不仅包含技术、资源等物质成分,也涵盖了由网络技术衍生的价值取向、行为方式、道德准则等非物质成分。

因此,有学者将网络文化定义为"网络文化是指以计算机技术和通信技术的相互融合为条件,以网络物质的创造发展为基础的网络精神创造,它是相伴网络技术的出现和进步而产生的一种新型文化形式",认为网络文化是在现实社会文化基础上,计算机与互联网技术在长期发展过程中,在网络空间衍生出来的一种不同于传统文化的新型文化形态和文化样式,是现实文化在网络上的再现,是文化在网络虚拟世界中延伸与发展的产物。

2. 网络文化是一种文化现象

有学者认为网络文化是指以信息化及数字化为本质,以计算机和通信技术相融合为物质基础而产生的以网上生活为核心内容的社会文化现象,包括精神、制度与物质三个层面的网络文化。

精神层面的网络文化指的是网民在网络空间进行学习、休闲、工作等活动所形成的思维模式、价值取向、道德观念等精神层面上的文化现象,包括网络理念、网络心理、网络态度等,它是网络文化的核心和精髓。

制度层面的网络文化指的是为保证网民在网络空间正常从事学习、休闲、工作等活动而建立的网络管理制度和规范评价体系,包括网络技术标准、网络运行规范和网络行为守则等。

物质层面的网络文化指的是网民在网络空间进行学习、休闲、工作等活动所依托的物质载体和网络环境,包括各种网络物质产品、网络技术、网络基础设备与设施等,它是整个网络文化的物质前提和基础。

网络文化的核心在于文化在网络中更具生命力和时代意义等文化属性,网络文化虽然根植于网络并以网络作为自身的传播的媒介,但是其文化属性中的发展演变具有时代特征的属性是不变的。

3. 网络文化是一种文化集合体

有学者认为网络文化是基于网络技术和信息技术,以电子信息为载体,通过数字化的方式形成于网络中的独特的文化行为特征、文化产品特色、价值观念和思维方式,是文化观念、文化行为、文化产品等要素的总和。网络文化是现实社会中的文化延展和多样化呈现,同时形成了其自身特有的文化观念特点、文化行为特征、文化产品特色,因而,网络文化是"以网络信息技术为基础、在网络空间形成的文化活动、文化方式、文化产品、文化观念、文化行为的集合",这种观点把网络文化看作是以文化作为内核的网络时代的文化或与网络相关的文化的集合体。

(二) 网络文化的特征

作为一种以计算机通信技术为基础的新型文化形态,网络文化具有虚拟性、开放性、互动性等特征。

1. 虚拟性

网络文化是在现实社会的基础上产生的,但是同时不单单局限于社会,它是超越现实的一种全新的文化,与传统文化人们置身其中进行自我感受与体验的现实文化场域和真实环境相比,网络文化匿名性、隐蔽性、虚幻与现实的模糊性,决定了网络文化的虚拟性。网络作为各类文化传播的载体和工具,模糊了地域限制和时间阻碍,通过网络通联,赋予网络参与者极大的虚拟空间和网络环境,为人们提供了一个发挥想象力和创造力的空间。它可以没有由来,凭借技术的发展,人们通过各种工具软件,展示出每个人独特的创造力,这使得网络文化具有了虚拟性的特点。网络文化的虚拟性主要是指网络文化活动和网络文化主体的虚拟性,但这种虚拟性又是建立在现实社会基础之上的,因为网络文化不是人的主观意志所形成的,而是人对现实世界的反应,它始终围绕人而发展。

2. 开放性

网络作为一个没有国界的虚拟平台,参与其中的网络主体参与网络文化互动无须很高的门槛,不分年龄、性别、种族、民族,也不论专业、兴趣、爱好,都能够在网络文化的生态环境中共生共存,各取所需,资源共享。网络突破了人们文化交流和信息获取的地域性、民族性界限,鼓励人们根据自己的意愿从网络上获取所需,与他人交流沟通,自由发表观点和看法。所有网民都可以通过网络平台,足不出户地获取来自世界各地的各类信息,可以通过网络平台,畅所欲言,与他人分享与交流信息,发表自己的观点。不同的思想观点、不同的文化价值观都可以在网络上输出与传播,而不受物理空间的限制。网络上不同的思想观点和价值观念在交锋的同时不断交流融合,这种自由、平等、不受地域限制、没有疆界、主流文化和非主流文化并存的网络文化生态,决定了网络文化的开放性特征。

3. 互动性

相较于传统文化形态的单向性特征而言,网络文化具有鲜明的互动性,因为传统文化形态受到文化载体的制约以及空间和地域的限制,而互联网的快速发展使得网络文化成为网络参与者都能共享的文化资源,实现了思想文化的共享性。在网络上人们不再是被动的文化接受者,而是主动交互式的文化参与者,不同网络参与主体的网络参与需求各不相同,他们在满足自我需求的同时,也增进了彼此的交流沟通和互动互融。在网络环境中,网民既是主体也是客体,既是使用者和参与者,也是接受者和创造者,网络中的高度参与感与归属感,提高了网络主体间的互动性,可以通过网络实现与世界上不同国家、地区、民族、领域的人交流互动,从而实现信息资源和文化资源的共享。

二、网络文化的影响

党的十八大以来,中国特色社会主义建设进入新时代,新时代既是基于我国历史发展阶段的判断,也是对世界发展形势的准确把握。互联网迅猛发展,网络从一种技术的代名词逐渐演变成一种文化,网络成为影响文化育人的"最大变量"。网络文化以一种全新的表达方式,对人们的思想观念和行为方式产生深远影响。

(一) 网络文化的困境

由于网络的虚拟性、匿名性、隐蔽性等特征,网络文化也相应地呈现出复杂性、多元性等特征,一定程度上给文化育人带来困境。

1. 网络文化环境复杂

网络空间是虚拟的,但不是脱离现实世界的,而是现实世界的延伸与投射。随着网络实名制的普及,账号成为网络空间行为主体的主要身份代号,成为用户网络行为的"记录仪"。随着移动互联网等新技术、新应用的普及,网络无处不在、处处可及,拓展了人类生活的空间,也使得网络文化环境复杂化。网络文化是高时效性文化,其传播速度比传统媒介迅速,网络的出现极大地缩短和节约了人与人交往的时间和空间,但是,网络环境用户身份的虚拟化、匿名化,对于无须实名认证的网站,每个人都可以随意设置自己的性别、年龄和身份,每个人都可以以匿名方式进行交流,而且所交流的信息也有可能是虚假的或经过人为有意加工的,这大大增加了网络的神秘感、吸引力,也使得网络文化环境更为复杂。网络空间的虚拟性以及信息发布者的匿名性,导致人们对网络信息的真实性存疑,而大量令人存疑的信息的发布,造成网络诈骗、虚假广告层出不穷,防不胜防。

2. 网络文化内容多元

网络包容了一切形式的文化因素,多元的文化形态共存共生共荣,在网络上,人们可以了解不同国家、地区、民族的文化传统,学习先进的科学技术和文化知识,可以接触多元世界,感受多元文化。与传统的以报刊为载体的文化形式相比,网络文化内容和网络信息资源相当丰富,涉猎面广,涉及政治、经济、文化、科技、社会生活等方方面面的不同观点和不同思想汇集于此,其涉及领域以及交流范畴涵盖的范围非常大。网络文化中许多不同的价值观念、文化形式、文化行为以及不同领域间的联系得到加强,文化形态处于兼容并包的多元化状态,在网络上经常出现的是不同的文化领域、不同思维方式以及价值观取向的人素未谋面却能够发表各自的观点。网络文化内容的多元化,让人们接触到许多新鲜的事物,包括世界各地的最新资讯,也包括各种文化形态。

3. 负面网络文化的冲击

互联网是开放的,信息庞杂多样,既有大量进步、健康、有益的信息,也有不少反动、迷信、黄色的内容，对文化造成巨大的冲击。在网络文化中，网络空间成为各种思想文化交锋和角力、民心民意争夺的新领域，一些非主流的、歪曲事实的负面网络文化对主流文化形成巨大的冲击。负面网络文化的冲击主要表现为：一是价值观认同危机。网络负面文化对当前我国主流意识形态和公民道德建设等都会带来危害性或不良影响。改革开放后，一些西方国家试图利用互联网这个新的技术平台，向中国输入其精神文化，推销其意识形态，传播利己主义价值观，加上国内一些违法乱纪分子也会利用网络传播一些非主流的、错误的价值观，加剧中国价值观认同危机。二是动摇中国本土文化体系。随着对外开放的深入，大量国外的思潮、理论以及各种各样的文化产品纷纷涌入，一些媚俗文化、低俗文化、庸俗文化、敌对文化、色情文化、暴力文化等也随之而来，撞击中国文化市场，引起中国文化的混乱和失衡，弱化了人们对民族文化特质的坚守，产生了人们对中国本土文化消解和抛弃的现象，从而引发中国文化体系中的不稳定。

4. 网络文化监管困难

网络文化的多元性、隐蔽性、虚拟性、匿名性、传播快、影响大、覆盖广、社会动员能力强等特点，导致网络文化内容的不可控性，如何加强网络法制建设和舆论引导，确保网络信息传播秩序和国家安全、社会稳定，已经成为网络文化监管上的困难所在。由于网络信息的内容庞杂、传播迅速、受众极广等特性，高校、企业、社区、政府机关等领域，网络管理人员往往对网络中的不良、虚假信息的筛查不充分，稍有疏忽，有害信息在网络一经流传，影响面极广。由于网络系统的庞杂，网络中出现了文化糟粕，网络环境受到污染，网络的虚拟性也会导致网络黑客、网络色情、网络病毒、网络犯罪等问题的产生，加大了网络文化监管的困难。另外，网络安全隐患、网上侵权行为的发生、虚假信息的泛滥、敌对势力网上渗透的风险等，都使得网络文化监管困难加大。

(二) 网络文化对人的发展的影响

互联网为人们提供了相互交流、相互沟通、相互参与的互动平台，同时对人们的价值观念、行为方式、思维方式、生活方式等带来巨大的冲击，对人的发展产生积极或消极的影响。

1. 积极影响

网络文化是科学精神与人文精神融合的产物，对人们的世界观、人生观、价值观、道德观、审美观等方面产生了诸多积极影响。

一是促进文化交流。网络空间是无边界、大容量的信息传播集散地，网络能够满足不同人群的上网需求，为其提供大容量的数据信息。网络文化自由、开放、平等、宽松、多元、多样的虚拟环境，打破了传统的信息交流的时间和空间的限制，为不同民族、不同国家、不同地区的人们提供了自由对话的空间，使得更多的文化信息在网络上相互交流。人们在互联网上进行不同的思想观念的交流、碰撞，就为他们正确的世界观、人生观、价值观的淬炼和磨砺提供了素材和场景，通过接触其中一些具有较强教育意义、较大价值的文化信息，视野更加开阔，从而不断积累和完善自身的知识结构，也构建起与外界交流的桥梁，使得获取先进文化思想、价值观念的渠道都不断得到拓宽。多元思想文化交流、交融，极大地丰富人们文化生活，开阔人们视野，促进个性培养，提升人类智慧。

二是提高主体能力。网络文化以全新的信息传播手段提高了人的主体能力，并带来了交往方式和劳动方式的革命性变革，从而促进了主体性的发展，提高了人的思维创造性，为促进人的积极、自由、自主的生存状态准备了条件。网络文化中，网民以匿名方式平等享有网络身份和网络地位，有利于提升主体意识，网民作为网络文化的参与者，可以随时行使自己的言论自由权，将自己深埋在内心的价值认知在网络中进行倾诉，促使主体在未知领域不断探索，促进人对现实性的超越和对自我的超越，走向更加开放、自主、创新的发展道路，从而促进他们主体意识、民主平等、开放观念的养成。

2. 消极影响

网络是一把双刃剑，其运行发展过程中自由、平等、共享的特点提供给网民以虚拟的在线实践空间的同时，由于监管的困难，也会导致网络无政府主义，对人的思想和行为产生一定的消极影响。

一是导致价值观偏移。网络文化作为一种多元的文化体系，普遍具有多重价值评判标准，尤其是一些西方国家加强了对于网络的运用，实现资本主义价值观念的推销，并加强"西化"，宣扬其政治模式。因此，一些人会受到相关信息的误导，进而导致其人生观、价值观、道德观的扭曲以及错位。特别是对于正处于价值观树立的黄金时期，尚未形成完整的世界观、人生观、价值观的青年学生来说，在面对各种文化的碰撞和融合，面对强势的外来网络文化的冲击，面对正面价值文化和负面价值文化的影响时，他们的思想价值观念较容易被一些表象所蒙蔽，容易造成主流价值观偏移，甚至导致价值观呈现多元化，利己主义、个人主义、享乐主义价值观念占有一定的市场。

二是导致道德人格缺失。相对于网络社会而言，现实社会已经进入到一个法治、德治不断完善的社会阶段，人们的言行举止都会受到道德和法律的约束，而网络社会中很难确定网络用户的真实身份，网络文化缺乏有效的法律监管和制度约束，为所有网络参与者提供了一个表达观点、释放内心想法的"安全"而又"理想"的场所。在网络多元文化体系和开放体系下，网民可以依托网络这一平台，挣脱道德责任的约束，将自己内心深处不轻易表露的本能释放出来，作出造谣、辱骂、道德绑架等违背道德约束和有损人格尊严的事情，并接纳网络文化中的糟粕，从而造成道德和人格缺失。

三、网络文化的作用与育人功能

网络文化不管是认知方面，还是思想方面，都对校园德育以及广大网民的思维方式、价值观念和道德判断等方面潜移默化地发挥影响。

(一) 网络文化对校园德育的"双刃剑"作用

互联网是一个虚拟社会，网络文化有优劣，当今时代已进入网络化、信息化时代，互联网的裂变式发展和广泛应用，不仅带来社会生产方式、生活方式的深刻变革，而且对校园德育工作带来巨大的影响。

1. 网络文化对校园德育的促进作用

网络文化因其使人们在互联网这个特殊世界中建立，借助计算机技术和信息网络技术以及网络经济基础上的精神创造活动及其成果，是人们在"现实"社会之外，利用在网络空间的"虚拟社会"进行工作、学习、交往、沟通、休闲、娱乐等所形成的活动方式及其所反映的价值观念和社会心态。

一方面，网络文化为校园德育的实施创造了全新的环境，提供了优越的条件。网络媒体在传播信息方面具有及时、大量、交互等优势，在时效性、连续流动报道、广为集纳相关信息、提供多种信息形态上优势明显，极大地丰富了学校的德育资源，为全社会育人创造良好的网络系统环境和育人模式，在网络文化环境中成长的青年学生更能准确地理解"地球村"的概念，更能清楚地了解国际竞争的激烈，这无疑会提高他们在未来社会的生存能力。互联网的普及，大大提高了思想教育信息的传播效率，大学生接受思想教育信息的途径和形式更加多样化，大大提升了学习效果，特别是有线电视、电信以及计算机通信"三网合一"的进程不断加快，将对学生进行思想道德教育的社会、家庭与学校通过网络连为一体，通过网络共同作用于学生，使得原本相对狭小的、封闭性的教育空间变成了全社会的、开放性的教育空间，形成高校大学生德育工作的合力。

另一方面，高校网络文化对高校德育具有价值引领功能。这种引领功能主要表现为，大学生在网络文化的熏陶过程中逐渐形成正确的世界观、人生观、价值观，实现价值引领。那些符合社会主义核心价值观的高校网络文化，既集中反映了高校的办学理念、价值观念、奋斗目标、行为规范等内容，又集中反映了政治、思想、文化等领域的价值指向标准，通过这些标准规范学生的网络行为并使其逐渐认同，并按照这种文化价值观的内容和标准去实践，使学生在网络文化实践中逐渐接受这种文化价值观。

2. 网络文化对校园德育的冲击

网络文化的虚拟性为人类想象力和创造力的充分发挥提供了一个巨大的文化空间，同时给校园德育带来了冲击。

一是对德育效果的冲击。由于网络文化的创造、发展和运作，完全是在自主自愿和自我管理的基础上进行的，没有人控制、管理，完全靠个体的自律，这就导致网络德育效果无法保证。面对那些目不暇接的鱼龙混杂的网络文化信息、网络游戏和网络色情等文化垃圾，有的青年学生往往不能正确处理上网与学习、工作、人际交往的关系，而是沉湎于网络而不能自拔，影响学业的完成和良好生活习惯的养成。网络文化不仅越来越影响着青年学生如何看待社会，而且影响着如何看待自己、如何看待他人及其与他人之间的相互关系，影响着青年学生的身心健康、人际交流和社会沟通，甚至导致青年学生的世界观、人生观、价值观发生转变。

二是对教师德育主导地位的冲击。传统的德育模式是一种以教师为中心的权威德育模式，教师在德育中起着主导作用，学生处于被动地位，只能对教师的"灌输"别无选择地

"接受"。但在资源丰富的网络社会中，网络为学生提供了取之不尽、用之不竭的知识和信息，校园德育中原有的德育知识被强大的网络信息所淹没，学生可以不需要教师的指导和引导，自主地利用网络资源，进行网络学习，从网上自主选择性地接受教育。在网络文化中，学生不仅是德育的主体，而且也是德育内容和方式的建构者和选择者，这种接受教育的途径和方式的转变，大大削弱了教师"传道授业解惑"的功能地位，同时，教师作为德育教育的指导者、组织者和引导者的角色也受到巨大的冲击。

(二) 网络文化的育人功能

网络文化反映了置身网络社会的人的思想政治、道德观念、价值取向、行为模式、思维方式等，尽管具有两面性，但在文化育人中，网络文化也发挥着越来越重要的作用，具有明显的育人功能。

1. 价值引领功能

网络文化确立了一整套新兴的世界观、人生观、价值观体系，网民受其影响，会产生一系列的思想与行为模式。网络文化价值取向的多元化、价值信息的良莠混杂性，会侵蚀人们的思想，直接影响人们价值观的认同和内化，网络上出现的政治理想、经济格局、文化思潮等会随着网络互动、交互不断得到强化，衍化成比较完善的价值形态，并逐渐成为网民推崇的价值追求和价值理念。因此，网络文化通过规范标准实现价值指向性，通过价值观引导实现价值目的性，通过互动交互实现价值稳定性。正是从这个意义上，习近平总书记反复强调，在网络空间，要"用社会主义核心价值观和人类优秀文明成果滋养人心、滋养社会"，强调做好网上舆论工作要"大力培育和践行社会主义核心价值观"。

作为网络参与的重要群体的大学生，他们的学习、生活、思维、价值观等不断受到网络文化的影响，以传统校园文化为代表的主流价值观正不断受到侵蚀。如何正确看待网络文化这把"双刃剑"，又该如何引导大学生在网络文化和传统文化交融中学会取舍和判断，树立正确价值观，是当前高校要面对和亟待解决的问题。因此，在充分发挥网络文化育人功能的过程中，有必要通过制定相应的网络道德规范和法治规范，通过网络文明和网络法治教育学生，引导学生明确网络使用目标和信息选择标准，引导他们养成正确的网络习惯和良好的信息素养，提高他们的网络道德素质。

2. 思想渗透功能

网络文化具有广泛的联系性、强烈的交互性和强大的渗透性，它对人的影响是潜移默化的、隐蔽的。互联网上信息丰富，涉及社会政治、经济、科技、文化等各方面，这些对人思想的影响是不言而喻的。随着科技的不断发展，网络文化极易催生新的思想观念、价值追求、道德要求、行为习惯等，不仅局限于形式的多变化，而且还有内容的多样化和知识面的广泛化，那些紧扣思想教育内容主题的网络文化，不但扩大了网民的视野，给人耳目一新的感觉，还能给他们带来新的生活和情感的体验，将一些积极的思想观念、价值理念润物无声地渗透于他们的观念之中。网络文化提升了文化传播的影响力，良性的网络文化，将为受教育者的内化过程提供优质的外部环境保障，促使其更好地完成个体内化，将网络文化积极健康的因素融入生活之中，不断获得物质和精神上的支持，产生向前发展的动力，完成内化过程。

但是，由于网络信息具有海量性，在网络中，人们可以自由地接收海量信息，能够在网络空间里自由而自律地发表言论，自由而理智地决定网络行为，自主而明智地选择价值取向，可以自觉地加深自己的道德认知，也可以升华自己的道德情感，这就需要网民具有一定的信息选取能力和信息加工能力。网民需要对网络文化中多元文化、多元观点有正确的认识，以保证接受优秀的和正能量的网络文化对个人思想产生作用和影响，将社会所要求的思想道德规范和行为规范内化为自身的世界观和方法论。

3. 感召力凝聚力提升功能

衡量一个国家或地区文化软实力的重要标志是其是否拥有强有力的感召力，并进而产生如约瑟夫·奈对"软力量"所界定的"通过吸引而非强迫或收买的手段来达到所期望的能力"。进入新时代，网络文化与人民的生活、学习联系日益紧密，产品和数字内容成为文化接受和文化消费中日益重要的对象，优秀的网络文化创作和文化精品、文化经典成为文化软实力构建和发展中必需的文化承载。

网络文化的感召力和吸引力成为塑造民族精神家园、加强文化价值的传承发扬、提升文化认同度的重要力量。网络文化具有便捷性、交互性的优势，可以通过现代信息技术，更大范围、更好地弘扬和宣传主流文化意识，同时采取"线上线下"相互配合的模式，将网络文化实体化、行动化、成果化。经过长期积淀的健康积极的网络优秀文化，对网民具有强大的感召力。

具有感召力量的网络文化，必定具有强大的凝聚功能。一方面，网络文化内容丰富、快速、直观、形式多样、图文并茂、音影一体、生动灵活的表现形式，具有非常强的感染力，可以使网民深受感染，成为他们生活的调节剂，从而愉悦身心、陶冶情操，带来精神上的享受，并形成思想和情感上的共鸣，不受时间、地点和群体的限制，提升感召力，从而形成凝聚力。

另一方面，在网络文化的影响下，具有相同个性、兴趣、爱好的网民容易达成共识，容易遵循共同的行为规范，可以形成共同的行为规范和价值追求，从而增强凝聚力。在网络文化中，更容易发挥网络传播互动、体验、分享的优势，听民意、惠民生、解民忧，汇聚社会共识，增强社会凝聚力。新时代网络文化建设的任务就是要建立起具有强大凝聚力和引领力的网络文化，凝聚起同心共筑中国梦的磅礴力量，挺起中华民族的精神脊梁。

第二节 网络育人运行机制的构建

网络育人要坚持以学生为本、以效果为导向的理念，营造风清气正的网络育人环境，坚持提高教育者的知网用网能力，提升受教育者的网络素养，以健全的运行机制保障教育者、受教育者在网络使用中的合法权益,确保网络育人有序开展,提升网络育人实效。

一、建立网络育人管理机制

网络育人首先要坚持科学管理、依法管理,在互联网领域法律法规不断完善的基础上,加大高校管理监督的力度和覆盖的广度,为高校净化网络环境和约束师生网络行为提供法律层面的支持。加强思想层面引导及道德层面约束,建立和完善网络素养教育体系,帮助大学生树立正确的网络观,引导师生增强网络安全意识,净化网络空间,提高网络自律,遵守网络行为规范。制定相关规章制度,如网络平台建设备案制度、信息发布审核制度、信息监管引导制度、网络突发事件应急处理制度等,规范网络新闻、舆论宣传、阵地建设与平台管理,确保网络思想政治教育安全严谨、规范有序,促进高校网络育人规范化、制度化。进一步提升大学生对网络安全的重视程度,激发大学生参与网络安全活动的积极性,通过安全知识教育、专家讲座、学术沙龙等方式在大学生中普及网络安全知识,从思想认识和行为实践两个层面教育和引导大学生树立正确的网络安全观。

二、建立网络育人协作机制

注重顶层设计,形成学校层面上高度重视的领导小组,统筹网络育人各项工作、各个环节。建立专门的机构团队,发挥网络资源优势,统筹校园网络建设,加强网络管理,引导网络评论,开展网络研究,提高建网用网管网能力,将高校优势资源通过"网言网语"的形式进行展示,有效整合、运用精品课程网络平台、网络教学平台,积极吸纳社会优质育人资源,强化网络育人平台及内容建设,鼓励优秀进步的青年学生发挥网络引领作用,增强育人活动的"线上线下"配合,提高网络育人的亲和力。

三、建立网络育人内容机制

精心设计网络育人活动载体,提升网络育人的感染力。组织开展一系列网络文化、网络文明、网络志愿者活动,丰富网络育人内涵,积极选树网络名人、网络名作,发挥网络意见领袖的正向引导作用,关注学生精神需求。积极设计、开发具有思想性、先进性、趣味性的网络文化产品,弘扬主旋律,传播正能量。加强网络育人内容监督反馈机制,鼓励教师和学生加入高校网络育人监督体系中,发挥网络育人监督合力,营造风清气正、绿色健康的网络空间环境。

四、建立网络育人评价机制

形成网络育人的内容评价、成果评价、支撑评价指标,建立符合本校发展的高校网络育人成果评价认证体系。明确"线上线下"育人能力水平、网络育人平台建设成效、网络育人力量强弱等方面的评价标准,推动工作量统计及职称评审条件改革,将优秀网络育人成果作为职称评审条件、师生评奖评优的依据,在学生综合测评中体现加分选项,适当给予物质奖励，定期选树先进，宣传典型事迹，邀请"网络大V"现身说法，培养学生参与新时代网络思想政治教育的荣誉感、责任感、使命感和幸福感，最终从人才培养质量、网络育人实效的角度完善评价机制，形成良好的管理与评价协作机制，引导更多教师积极投身网络思想政治教育事业，从而牢牢掌握网络育人的主导权。

第三节　网络育人平台的搭建

依托现有资源，开发潜力资源，搭建内容丰富、功能完善、效果良好的网络育人平台，是增强网络育人的辐射力，加强校园信息化建设，推动构建校园思想政治工作大格局的重中之重，通过连接各网络育人平台"堡垒"形成网络育人"阵地"，对增强网络育人的针对性，提高网络育人内容质量起决定性作用。

一、网络育人平台建设理念

（一）坚持创新理念

加强高校网络育人平台建设，要顺应时代发展，结合中国特色社会主义发展实际，掌握网络时代大学生的学习特点与规律，深入了解大学生思想政治教育规律的基础，结合当前信息化发展的最新趋势，统筹规划、顶层设计，始终具有前瞻性地建立适合当代大学生成长成才的长效育人机制，不断创新网络育人平台类型及方式方法，创新话语体系，采用大学生喜闻乐见的交流表达方式，运用新技术，坚持新理念，采用新方法，创建新平台。教育者可利用虚拟现实、微课、慕课等技术手段，通过表情包、手绘漫画、短视频等多种形式实现网络育人平台的全方位、立体式覆盖。

（二）坚持协同理念

推动教育从课程走向实践，从现实走向网络，从教师走向社会，实现网络育人的协同共进。积极探索依托网络平台的第一课堂和第二课堂联动育人，有效协调现实与虚拟的关系，积极协调朋辈关系、社会关系、家校关系，将日常课堂的理性说教转变为大学生更易接受的朋辈劝导、社会引导及家庭疏导，充分发挥校友在网络育人平台建设中的支撑作用，利用网络育人平台拉近在校生与毕业生的距离，实现全员参与网络育人工作。

（三）坚持共享理念

网络将全球化进程大大缩短，网络育人平台要坚持国际化、共享性，对优秀的育人内容实施"引进来"，让优质的育人元素主动"走出去"，依托平台加强高校间的沟通交流，积极借鉴并学习国内外优秀高校的有益经验、做法，通过走访调研、专业培训、专家讲学等方式加强网络育人平台建设指导，广泛寻求社会合作，发动广大教职工、在校生、校友、家庭和社会力量的积极参与，为平台建设提供人力、物力、财力和技术支持，全面统筹网络育人资源,探索可复制的网络育人方案,打造高水平、接地气、有特色、虚实结合的网络育人平台。

二、网络育人平台搭建

(一)构建科学规范的网络育人监管平台

网络育人是一套分工多样、功能复杂的有机系统,每一个育人环节和每一项育人元素都需要规范的监管。

首先,高校应成立职责明确、分工合理的网络育人组织机构,在领导机构的带领下完成网络平台相关政策及总体规划的制定,各部门环节协同合作,形成网络育人的基本保障。

其次,应组建专门的网络育人工作队伍,由高校各部门共同参与,依托思想政治教育教师、辅导员、班主任、学生骨干团队等力量做好网络育人平台分级监控,同时培养专职的网络育人工作队伍,负责平台的具体指导工作。

最后,需要监管平台对其他平台进行及时合理的教育引导、评估保障和预警调控,在保障人员及经费到位的基础上,及时对网络育人效果做出评价评估,对舆情舆论做出预警调控,对工作人员开展网络素质培训,保障网络育人顺利开展。

(二)构建内容充实的网络育人活动平台

1. 构建以思想引领、价值引导为核心的网络育人平台

(1)建立网络工作室。依托工作室打造包括专家学者、辅导员、学生骨干、优秀校友等在内的网络育人骨干团队,借助QQ、微博、微信公众号、视频网站、知乎等新媒体平台,主动切合学生的特点,有针对性地传播主流文章、宣传主流思想、制作主题内容,并针对学生中存在的普遍问题积极发声、主动引导,培育和践行社会主义核心价值观,厚植爱国主义精神、集体主义精神及德智体美劳的"五育"精神,帮助学生坚定理想信念,加强品德修养。

(2)完善主题教育平台。以"内容为王"建好学生关注的红色主题教育网站,采用通俗易懂的形式展示马列经典著作,及时上传党和国家的最新理论成果,设立红色历史与人文专栏,设立网上党校、网上团校,充分利用网络资源开展党团培训,通过汇聚优质教育教学资源,服务学生的学习需求和精神需求。以"学生为本"建好学生常用的资源服务平台,及时准确地提供信息查询与咨询以及日常工作事务等网上办公服务,设立奖助贷勤网络系统、创新创业指导网络系统和就业工作网络系统等,通过便捷高效的服务满足学生的多样化需求。以"网络吸引"建好即时互动的网络研讨社区,及时关切学生的合理诉求。以"预防为主"建立心理健康教育与咨询网络平台,网上心理健康沟通交流具有安全、便捷、隐秘的特点,学生更乐于接受,从而第一时间减轻或化解学生在学习、情感、人际、就业等方面的压力和问题。

(3)拓展网络平台。扎实推进易班网、中国大学生在线等国家性平台的共建共治,重

视"两微一端"在网络育人中的重要作用,结合高校实际情况,建设学生用得着、离不开的功能平台,以现代信息技术手段推动"互联网+高等教育"质量提升,强化平台举办的各类网络育人活动,打造示范品牌基地,呈现学生主动参与网络育人的新局面。

2. 构建以专业提升、学业拓展为重点的网络育人平台

(1) 开设专业课程微课堂。以培养学生专业知识、奋斗精神、综合素质为目标,开设个人定制微课堂和团体微课堂,搭建起学生与专业教师之间的互动平台。微课堂重点讲授基本原理、专业要点、共性问题,将线下资源通过网络平台共享,增加受益面。依托网络的全时性,采取微课堂线上线下配合运作,随时随地进行交流、答疑,一对一解决学生的专业问题,提高专业学习效率。

(2) 打造素质提升微活动。依托网络平台展示丰富的教育资源,并面向全体学生开展教育资源征集活动,动员学生积极参加全国大学生网络文化节、全国高校网络教育优秀作品推选展示等活动,自发式丰富育人"云资源"。针对网络热点问题和学生感兴趣的话题,及时开展线下讲座、论坛、辩论赛、演讲等多种形式的育人活动,自发式明辨是非。开设网络媒介素养教育培训课堂,运用微电影、动画等形式有针对性地开展道德伦理教育、网络安全教育、媒介素养教育等,端正学生正确上网、正确用网的态度。

3. 构建以素质提升、文化传承为中心的网络育人平台

(1) 打造人文艺术素养提升平台。围绕以文化人、以文育人的目标,打造网络新媒体人文艺术素养提升平台,开设如人文艺术作品赏析、文化永流传等网络专题,并通过网站、QQ、微博、微信公众号等渠道宣传文化艺术典型,扩大人文艺术影响力,建立人文艺术爱好者网络交流平台,定期开展文化艺术活动,营造人文氛围。

(2) 打造向上向善榜样引领平台。通过网络风采展,结合重要活动、重要节日,开展良师益友、先进集体、最佳个人等宣传评选,广泛传播先进师生事迹,辅以明快生动的微电影、动漫、摄影、网文、公益广告、音频、短视频、校园歌曲等网络创新作品,对学生视觉形成震撼和冲击,对学生思想形成引领和教育,营造网络育人向上向善的集聚效应,用榜样的教育引领作用引导学生提升个人素质。

(三) 构建协同联动的网络育人服务平台

努力形成多元协同、内容丰富、服务及时的网络育人云服务体系,打造适应学生自主学习、自主管理、自主服务需求的网络平台。

1. 完善校园网站群建设

高校网站是高校的门户,是开展网络育人的主阵地。协同联动校园网站群建设,既要对现有的网站进行改造,将全体网站统筹规划,考虑其部门工作属性,又要兼顾思想政治教育网站的教育属性,实现宣传型网站数据共享一致、功能型网站服务准确及时,使之成为学生愿意浏览、访问,内容精、质量高的网站。同时要注意丰富网站思想政治教育内容,突出价值引领,用现代化的设计和形式以及符合学生的审美方式,实现网站差异化及网站群协同化,使学生真正在网站浏览中坚定信仰、信念、信心。

2. 完善校园数字化建设

大力推动现有校园网络平台的改造、整合和升级，整合学生工作综合信息，实现工作数字化，统筹推进学生思想品德教育、心理健康教育、素质能力教育、文化艺术教育和创新实践教育，让数字多跑腿，让学生少跑路，让教职工少跑动，不断完善并优化网络育人平台工作业务流程。

三、网络育人平台优化

数字化发展瞬息万变，网络平台的建设并非一蹴而就，也并非一成不变，高校应时刻把握时代发展趋势，及时更新、完善、优化网络育人平台，实现网络育人全程化发展。

（一）网络育人平台政治化导向

网络育人平台建设应时时刻刻体现政治属性，必须牢牢把握正确的价值导向，进行正确的舆论引导，及时将党和国家、社会、学校的相关政策文件进行公示解读，及时关注学生的网络思想动态和网络生活常态，对学生关心、关注的问题及时回应、指导和纠正，对可能出现的问题，从细节入手，做到早发现、早预防，同时应密切关注敌对势力的侵入，旗帜鲜明地讲政治，将网络平台打造成弘扬正气、培育正能量，帮助学生树立正确的政治观、人生观和价值观的利器。

（二）网络育人平台集群化发展

积极构建集理论性与实践性、时代性与前瞻性、经典性与发展性为一体的网络育人平台集合体，继续丰富新媒体育人技术手段，提升网站群、新媒体的感染力和吸引力，同时依托多样化媒体终端、APP，实现不同功能、相同目标的网络育人平台集群化发展。借助平台建设汇集校友、家庭和社会资源，扩展平台外延属性，建立网络育人发展智库，向专业人士看齐，提高平台在新闻采编、经验分享、信息发布等方面的能力，实现校企联合、家校互动，提升网络育人平台的社会影响力。

（三）网络育人平台服务化建设

网络育人平台要赢得大学生用户的"黏度"，必须提供全面、及时、真实、有生命力的网络信息，不断强化平台的服务功能，坚持"学生为本"平台服务理念，设置经典理论知识、新鲜时事政治、最新文件解读、热点焦点新闻、疑难点专题辅导、校园大事要事等大学生日常关切的内容点，着力解决大学生实际学习生活需要，让大学生切实感受到利用平台实现"跑一次腿，办所有事"的贴心服务。同时加强平台的深度跟踪，聚焦大学生关注的难点问题，提升平台的参与性和互动性，建立网络答疑、网络求助互动平台，实现网络育人教育者的全天候关注，强化大学生对网络育人平台的信任度。

（四）网络育人队伍梯队化设置

要实现网络育人的高质量长远发展，归根结底离不开一批批全能高效的网络育人队伍，因此，通过内培外招的方式，打造一支专业化、年轻化、政治强、业务精、作风硬、高素质、高层次的网络育人梯队，是做好网络育人的重要组织保障。

1. 建立专职网络育人名师队伍

高校可集中一批阅历丰富、经验深刻、博学多才、热爱学生的教职工或专家组建专职网络育人名师队伍，主要包括负责学生工作的相关领导、思想政治理论课专职教师、校内外专家学者和网络教育技术人才等，他们自身具有较高的政治理论素养，坚持马克思主义思想和理论导向，了解网络育人规律，掌握网络专业技术，以传递校园正能量、弘扬社会主义核心价值观为己任，自觉在政治上、思想上、行动上与党中央保持高度一致。通过配合实施"网络教育名师培育支持计划"，充分发挥名师的思想引领和价值引导作用，从而增强网络育人平台的感染力和导向性。

2. 建立校园网络育人骨干队伍

校园网络育人骨干队伍可由校园骨干青年教师和骨干学生组成，高校应积极鼓励、动员广大教师投身网络育人队伍行列，重点从宣传部、团委、马克思主义学院及专职辅导员、班主任等部门和人员中选树一批优秀工作者进行培养，同时善于培养有一定知名度、号召力的学生网民，尤其是政治觉悟高、信息甄别能力强的学生骨干，发挥朋辈教育的引导作用，打造网络育人"学生意见领袖"。依托"校园好网民培养选树计划"，开展专项培训，提升网络育人技能素养，强化骨干队伍在信息技术使用、网络素养教育提升、网络舆情监控和引导、网络突发事件处理等方面的专业化水平，当好学生的网络服务员、管理员、引导员，不断拓展网络育人的方式方法，打造出适合高校办学实际的网络育人骨干队伍，实时引导学生进行自我教育和价值判断，有效提升"三全育人"视域下学生思想政治教育工作的科学化水平和精致化程度，从而增强网络育人实效。

参考文献

[1] 陈立思. 比较思想政治教育［M］. 北京：中国人民大学出版社，2011.

[2] 韩延明. 大学文化育人之道［M］. 北京：高等教育出版社，2013.

[3] 李庆元. 文化育人与学校发展［M］. 武汉：武汉大学出版社，2017.

[4] 李维锦. 生态文化教程［M］. 北京：中国铁道出版社，2017.

[5] 骆郁廷. 新时代大学生思想政治教育［M］. 北京：中国人民大学出版社，2010.

[6] 沈壮海. 思想政治教育的文化视野［M］. 北京：人民出版社，2005：26.

[7] 姚锡远. 大学生态校园建设研究［M］. 成都：西南交通大学出版社，2016.

[8] 伊冬梅，丁力. 中国当代高校学生组织研究［M］. 北京：时事出版社，2008.

[9] 袁银传. 价值观 核心价值观 核心价值体系［M］. 武汉：武汉大学出版社，2014.

[10] 张国定. 从文化育人到实践成人［M］. 合肥：合肥工业大学出版社，2014.

[11] 张立学. 以文化人：大学文化育人研究［M］. 北京：人民出版社，2019.

[12] 周向军. 高校思想政治理论教学改革与创新［M］. 济南：山东大学出版社，2011.

[13] 曹劲草. "立德树人"视域下高校全方位育人策略研究［J］. 长江丛刊，2019（17）：187-188.

[14] 陈亮. "三全育人"模式下的学生工作体制创新研究［J］. 长春师范大学学报：人文社会科学版，2018（5）：130-133.

[15] 蒋广学，张勇. 强化"全环境育人"理念推动网络思政教育创新［J］. 中国高等教育，2014（22）：33-36.

[16] 李晓松. 文化生态保护区建设的时间性和空间性研究［J］. 民俗研究，2020（3）：33-45.

[17] 梁浩. 高校思想政治教育工作"三全育人"体系的探索与实践［J］. 淮北职业技术学院学报，2018，17（4）：28-30.

[18] 刘胜男. 新时期高职院校思想政治教育"三全育人"模式的研究与实践［J］. 改革与开放，2014（12）：73-74.

[19] 宁攀，张春侠. 高校全方位育人新环境下家长群的窗口作用研究［J］. 枣庄学院学报，2019，36（1）：134-137.

[20] 彭小平. 论高校德育在生态文明教育方面的责任［J］. 企业家天地（理论版），2010（12）：150-151.

[21] 秦颖，刘合波. 文化生态视域下的高校文化研究［J］. 中国成人教育，2018（3）：84-88.

[22] 阮碧辉. 生态文化视野下高校生态德育探究 [J]. 学校党建与思想教育, 2009: 46-48.

[23] 沈丽娟, 林岩清. 构建高职院校"三全育人"长效机制的方略研究——以福州地区为例 [J]. 商丘职业技术学院学报, 2015, 14 (4): 106-108.

[24] 汪风涛. 高校"全方位育人"机制的构建 [J]. 新东方, 2006 (7): 30-33.

[25] 谢友庆. 三全育人: 高职院校思想政治教育的有效模式 [J]. 科教文汇 (上旬刊), 2010 (10): 152-153.

[26] 杨晓慧. 高等教育"三全育人": 理论意蕴、现实难题与实践路径 [J]. 中国高等教育, 2018 (18): 4-8.

[27] 于洪泽, 叶景文. 关于高职院校"三全育人"的思考 [J]. 继续教育研究, 2011 (2): 116-117.

[28] 张亚南. 浅析大学生思想政治教育家庭环境 [J]. 湘潮 (下半月), 2012 (10): 17, 19.

[29] 范小凤. 论新时期高校"三全育人"德育模式及其运作机制 [D]. 上海: 华东师范大学, 2011.

[30] 侯丽波. 大学校园文化的育人功能研究 [D]. 西安: 陕西师范大学, 2013.

[31] 叶倩云. 校本文化的育人功能研究 [D]. 南京: 南京林业大学, 2017: 9-17.

[32] 白冬梅. 立德树人视域下高校健全"三全育人"机制研究 [C]. 辽宁省高等教育学会2017年学术年会论文集, 2018.